NETWORK MARKETING

그룹의 성장을 위한 방법

SYSTEM

시스템에 달려있다

NETWORK
MARKETING

그룹의 성장을 위한 방법

SYSTEM

시스템에 달려있다

초기사업자를 위한 속성가이드

아름다운사회 기획팀
우종철 공저

아름다운 사회
Beautiful Society

셀프리더를 위한
구원투수

네트워크 마케팅에 매력을 느껴 비즈니스를 시작한 초보 네트워커에게 가장 필요한 것은 체계적인 성공 시스템이다. 즉, 자신의 비전을 현실로 만들어줄 선배 네트워커들의 성공 노하우다. 그 성공 시스템을 빨리 배워 실전에 사용하면 어려움 없이 성공으로 가는 여행을 즐길 수 있다.

그런데 체계적인 성공 시스템을 갖춘 회사나 그룹이 의외로 많지 않다. 내가 30년간 네트워크 마케팅 업계에서 교육과 컨설팅을 해오며 느낀 것 중 하나가 바로 그것이다. 스폰서는 대부분 "빨리 성공하고 싶으면 빨리 고객을 초대하라"고 권할 뿐 초보 네트워커가 셀프리더(Self leader)가 되도록 돕는 것은 소홀히 한다.

네트워크 마케팅은 그 속성상 첫 단추를 잘못 끼우면 모든 것이 잘못되어 나중에는 돌이킬 수 없는 지경에 이른다. 인간관계가 가장 중요한 요소이기 때문이다. 제품을 판매하는 일이라면 잘못되었을 때 시정하거나 다른 곳에 가서 팔면 되지만, 네트워크 마케팅은 사람 간의 신뢰가 절대적이라 시작이 잘못될 경우 인간관계가 틀어져 모든 것이 잘못되고 만다.

그래서 초보 네트워커는 초기에 성공하는 방법을 잘 배워 그것을 파트너에게 똑같이 가르쳐야 한다. 이러한 노력으로 조직 내에 셀프리더가 많아질수록 조직이 크게 성장한다.

한국 네트워크 마케팅 초창기에는 정보와 지식이 아예 없어서 각 회사와 리더가 대부분 미국에서 발행한 책의 내용을 정보로 활용하거나 교육에 인용했다. 강의에서도 대개는 미국 백만장자나 성공 동기부여가의 지식을 응용해서 활용했다.

이후 30년간 대한민국에서는 세계 어느 나라보다 네트워크 마케팅이 빨리 발전했고 세계적인 백만장자도 많이 탄생했다. 나아가 요즘은 대한민국 네트워커들이 미국을 비롯한 전 세계를 무대로 활발하게 활동하며 성공 노하우를 전하고 있다.

문제는 아직도 대다수 시스템 교육이 40~50년 전 미국에서 만든 것을 응용하고 있다는 점이다. 이제는 환경, 조건, 비즈니스 방법이 많이 달라졌으므로 거기에 맞는 시스템 교육과 정보를 갖춰야 한다.

내가 제안하고 싶은 것은 이 책의 〈실전편〉에 나오는 '셀프리더가 되는 7단계'다. 이것은 내가 30년간 한국과 세계 각국을 다니며 네트워커의 교육·훈련을 담당하면서 쌓은 경험과 지식을 표준화한 것이다. 한마디로 '셀프리더가 되는 7단계'는 초보 네트워커가 기초부터 시작해 셀프리더로 성장하는 과정을 체계적으로 정리한 성공 시스템이다.

네트워크 마케팅의 핵심은 '사람'이다. 조직을 이끄는 멋진 리더로 성공하고 싶은가, 아니면 다른 사람에게 피해를 주는 형편없는 다단계꾼이 되고 싶은가? 당연히 멋진 리더로 성공하고 싶을 것이다. 그러면 멋진 리더로 성장하기 위해 시간과 노력을 아끼지 말아야 한다. 셀프리더가 되는 7단계를 활용해 스스로 셀프리더가 되고 또 그 과정을 복제하면 튼튼한 조직을 구축해 멋진 성공자가 될 수 있다.

원하는 라이프스타일을 향해 오늘도 열심히 전진하는 모든 초보 네트워커에게 이 책이 구원투수가 되어주길 빈다.

우 종 철

Contents

2부 / 실전편

그룹의 성장을 위한 방법
System에 달려있다

1부

이론편

01

이론편

"

남들이 뭐라고 하든

계속 앞으로 나아가게 해주는 것은 꿈이고

어떠한 고난이 닥쳐도 이겨내도록

용기를 북돋워주는 것도 꿈이다.

그래서 당신에게

무엇보다 필요한 것이 꿈이다.

"

1. 꿈/목표 **활시위**를 당기려면 **과녁부터 세워야 한다**

당신은 이미 인생이라는 활시위를 떠난 화살이다. 따라서 당신에게는 제자리에 머물거나, 허공에서 방황하거나, 과녁을 향해 정확히 나아가는 길밖에 없다. 이때 과녁이 없다면 어떻게 될까? 당연히 왜 사는지, 왜 살아야 하는지 그 의미조차 찾지 못할 것이다.

그러므로 먼저 과녁을 세워야 하는데 그 과녁은 바로 당신의 꿈이다. 꿈은 비전이자 성공의 초석으로 꿈을 이루려는 욕구가 강할수록 당신은 더욱 발전하고 성장할 수 있다.

네트워크 마케팅은 사업자금이나 경비가 거의 들지 않아 사업이 순조롭게 풀리지 않으면 쉽게 그만둘 생각을 한다. 아무것도 잃을 게 없으니 말이다. 그런데 아쉽게도 네트워크 마케팅에서는 처음 몇 개월 동안 변변치 않은 수입을 감수해야 한다. 여기에다 정기적인 모임과 세미나에 참석하고 홈미팅을 개최하며 책이나 자료 등 사업도구를 사용하므로 돈이 들어간다.

모임에 몇 번 참석해보면 늘 얘기도 비슷하고 별로 나아지는 것도 없이 괜히 시간만 낭비하는 것처럼 느껴진다. 그럼에도 불구하고 수십만에 달하는 사람들이 몇 년씩 이 사업을 하고 있고 오늘 이 순간에도 성공을 향해 부단히 노력하고 있다. 그 이유는 무엇일까? 수없이 거절당하고 사람들의 오해와 편견 속에서도 그들이 꿋꿋하게 전진하는 힘은 어디에서 나오는 것일까?

그것은 바로 꿈이다. 남들이 뭐라고 하든 계속 앞으로 나아가게 해주는 것은 꿈이고 어떠한 고난이 닥쳐도 이겨내도록 용기를 북돋워주는 것도 꿈이다. 그래서 당신에게 무엇보다 필요한 것이 꿈이다. 만약 당신에게 꿈이 없다면 더 이상 이 사업을 할 필요가 없다!

이 사업을 계속 하고 싶다면 먼저 꿈을 가져라. 그리고 절대 그 꿈을 포기하지 않겠다고 결심하라. 네트워커인 당신은 꿈을 실현할 훌륭한 기회를 붙잡고 있는 셈이다.

확실한 꿈을 세운다.
막연한 꿈은 꿈이 아니라 몽상이다.
그 꿈은 반드시 자신을 위한 것이어야 한다.
사람은 누구나 자신을 위해 무언가를 할 때 최선을 다하게 마련이다.

(1) 꿈은 반드시 종이에 적는다

꿈을 달성할 시기를 정하면 그것은 목표가 된다. 시스템을 따르는 사람은 보통 2~5년이면 이 사업에서 꿈을 성취할 수 있다고 믿는다. 당신이 지금 당장 하고 싶은 것과 2~5년 후 어떻게 살고 싶은지 생각해보라.

(2) 목표는 장기, 중기, 단기로 나눠 기록한다

예를 들어 당신의 목표가 5년 후 10억 원을 갖는 것이라면 장기목표는 '2~3년 후 얼마', 중기목표는 '3~12개월 동안 얼마' 그리고 단기목표는 주 단위로 해서 '일주일에 최소 5명에게 사업설명하기' 식으로 세운다. 이때 목표는 계단을 오르듯 조금씩 높여간다.

(3) 구체적이고 현실적인 목표를 설정한다

가능한 한 목표는 수치로 표현한다. 이번 달에 50만 원이 목표라면 다음 달에는 60만 원 그다음 달에는 70만 원 하는 식으로 조금씩 목표를 늘려가면서 구체적인 수치로 표현하는 것이다. 그러면 자신의 발전 과정을 직접 느끼면서 의욕을 불어넣고 목표에 근접할수록 더욱더 노력할 수 있다.

(4) 목표 도달 시간표를 작성한다

일주일에 적어도 7~10시간을 이 사업에 투자한다.

(5) 사업목표를 달성할 때마다 의미를 부여하고 포상한다

목표를 달성한 당신은 훌륭하다. 보상받을 자격이 충분하므로 작은 것일지라도 자신에게 선물을 주어라.

(6) 목표 달성 상황에 따라 목표를 수정·보완한다

목표는 불변하는 것이 아니므로 상황에 맞춰 점검하면서 스스로를 돌아봐야 한다.

(7) 목표를 기록한 종이나 꿈을 담은 사진과 그림을 눈에 잘 띄는 곳에 붙여둔다

아침저녁으로 목표를 큰 소리로 읽는다. 이때 자신이 목표를 달성한 모습을 상상하면서 기쁨에 가득 찬 목소리로 당당하게 읽는다. 또 원하는 것을 매일 보면서 그것을 손에 넣었을 때의 벅찬 감동을 맛본다.

목표 설정하기

❶ 갖고 싶고 하고 싶고 되고 싶은 것을 기록한다.

❷ 언제까지 달성할지 정한다.

❸ 꿈을 담은 그림이나 사진을 눈에 잘 띄는 곳에 붙여둔다.

❹ 꿈을 이뤘을 때의 모습을 상상한다.

사람들은 보통 경제적 자유를 원한다. 또 시간을 마음대로 사용할 수 있기를 바란다. 그 기초를 제공하는 것이 바로 꿈이다. 경제적으로 풍요롭고 시간을 자유롭게 쓸 수 있어서 가족과 많은 시간을 함께하거나 사회·문화적 생활을 마음껏 누리는 삶은 몽상이 아니라 현실화할 수 있는 꿈이다.

하지만 이를 이루려면 당신의 노력이 필요하다. 그 꿈을 이루겠다는 강한 의지와 함께 실천하는 자세가 따라야 한다.

혹시 당신 자신을 초라한 존재 혹은 못난 사람이라고 생각하는가? 만약 당신의 자존감이 바닥이라면 그 이유는 무엇인가? 왜 그런 위치에 있다고 보는가? 알고 있을지도 모르지만 그 이유는 두려움 때문이다. 그건 실패할지도 모른다는 두려움이다.

'실패할지도 몰라! 그러면 분명 누군가가 손가락질할 거야.'

주변 사람들은 단지 구경꾼에 불과하다. 그리고 바둑에서 훈수를 두는 사람처럼 구경꾼은 본래 말이 많은 법이다. 더구나 그들은 당신이 절실하게 도움을 필요로 할 때 도와주지 않는다. 오히려 당신이 다가설까 봐 슬슬 피해버린다. 당신에게 도움이 되지 않고 괜한 두려움만 유발하는 구경꾼에게 신경 쓸 필요는 없다.

꿈은 '성공자의 씨앗'이다. 그 꿈을 자갈밭에 방치하지 말고 땅속에 묻어야 한다. 그런 다음 여기에 당신의 땀과 노력이라는 거름, 물, 비료를 쏟아 부어라.

2. 결단 성공습관을 익히면 저절로 성공한다

당신은 시스템을 철저히 따르고 있는가? 이 질문에 자신감 있게 "그렇다"고 대답한다면 당신은 성공습관을 익히고 있는 것이다. 시스템을 100퍼센트 믿고 시스템대로 사업을 해야 한다.

(1) 자사제품을 애용한다

당신이 현재 사용하는 제품을 모두 자사제품으로 바꿔야 한다. 네트워커로 일하는 당신은 돈을 쓰면서 돈을 버는 당당한 프로슈머다. 약간 더 저렴한 제품을 사용하느라 돈을 소비만 할 게 아니라 고품질의 우수한 제품을 사용하는 동시에 돈을 버는 것이 더 낫지 않은가. 네트워크 마케팅은 세일즈가 아니라 우수한 제품을 나눠 쓰는 동시에 수익을 올리는 사업이다.

(2) 일주일에 최소 두 번 이상 사업설명을 한다

정기적으로 사업계획을 보여주지 않으면 사업기술을 터득하기 어렵다. 당신 스스로 기술을 갈고닦아야 한다. 이때 사업계획은 누구나 쉽게 이해하고 모방할 수 있는 것이어야 한다. 이 사업은 복제사업이기 때문이다.

(3) 정기적으로 제품을 나눠 쓰는 소비자와 잠재사업자를 10명 이상 확보한다

정기적으로 제품을 사용하는 고객이 최소 10명 정도 있어야 기대하는 만큼 소득을 올릴 수 있다. 따라서 정기적으로 전화를 걸거나 신제품 출시를 알려주는 등 접촉과 상담으로 철저히 고객관리를 해야 한다.

(4) 매일 양서를 30분 이상 읽는다

하루에 30분 정도 책을 읽으면 한 달에 일반적인 책 한 권을 읽을 수 있다. 한꺼번에 30분을 낼 수 없으면 조금씩 시간을 내서라도 책을 읽어 지식을 습득해야 한다. 독서로 폭넓은 경험과 지식, 정보를 갖추면 시스템을 보다 쉽게 이해해 성공에 더 가까이 다가갈 수 있다. 성공자일수록 책을 많이 읽는다는 사실을 기억해야 한다.

(5) 매일 하나 이상의 동기부여 CD를 듣거나 동영상을 본다

스폰서와 업라인이 추천하는 CD나 동영상은 최소 일곱 번 이상 듣고 봐야 한다. 한 번만 듣고 봐도 내용을 대충 알 수 있겠지만 잠재의식에 집어넣으려면 최소 일곱 번은 반복할 필요가 있다. 특히 열정을 꾸준히 지속하고 싶다면 이 정도 노력은 꼭 필요하다. 특히 당신이 거절을 당해 의기소침해지거나 우울해질 때 열정은 상당히 중요한 역할을 한다.

(6) 스폰서가 추천하는 모든 모임에 참석한다

모든 모임에 빨리 참석하고 늦게까지 남는다. 어떤 모임이든 진행 방식과 내용에는 별다른 차이가 없지만 모임의 강사에게는 그 나름대로 성공 이유가 있게 마련이다. 정신을 집중해 그것을 발견해보라. 그리고 당신과 비슷한 처지에 있는 사람들이 이 사업에 얼마나 진지하게 임하고 있는지 직접 보면서 결의를 다져라.

(7) 배운 대로 사업을 하고 배운 대로 가르친다

배운 대로 가르치는 최상의 방법은 배운 대로 실천하는 데 있다. 네트워크 마케팅은 복제사업이자 팀워크 사업이므로 일관성 있는 자세로 모범을 보여야 한다.

(8) 스폰서와 정기적으로 상담한다

정기적으로 상담하면 많은 사업 지식과 기술을 터득하고 궁금한 사항을 그때그때 해결하면서 사업 진행 상황과 미래 전망까지 알 수 있다. 무엇보다 중요한 것은 열심히 사업을 하면서 상담에 임해야 한다는 점이다. 당신은 1인 사업가이며 누군가가 대신 사업을 해주는 것이 아니므로 스폰서에게 노하우를 배워가면서 진지하게 사업을 진행해야 한다.

성공의 기초는 '나는 무엇이든 할 수 있다'는 긍정적 사고다. 그러므로 긍정적 사고를 습관화할 필요가 있다. 긍정적 사고를 바탕으로 '왜 이 사업을 하는지' 숙지해야 한다. 왜 이 사업을 하는가? 이 질문에 답변이 명확히 떠오르지 않는다면 지금 당장 곰곰이 생각해보라.

나를 위한 다짐

❶ 나는 목표를 설정한다.

❷ 나는 목표를 달성하기 위해 실천한다.

❸ 나는 시스템을 철저히 따른다.

❹ 나는 이 사업이 최고의 기회임을 믿는다.

❺ 나는 성공할 수 있다는 것을 확신한다.

단순히 다짐하는 것만으로는 그 무엇도 이룰 수 없다. 다짐했다면 구체적으로 하나하나 실천해가야 한다.

성공도 습관이다. 그러므로 성공습관을 들여야 한다.

성공습관 다섯가저 원칙

❶ 매일 좋은 책을 30분 이상 읽는다.

❷ 매일 하나 이상 동영상을 보거나 CD를 듣는다.

❸ 모든 사업 모임에 참석한다.

❹ 자사제품을 100퍼센트 애용한다.

❺ 매달 15회 이상 사업설명을 한다.

3. **명단작성** 잠재사업자 수를 극대화한다

네트워크 마케팅은 리크루팅, 사업설명, 트레이닝, 후원활동을 중심으로 하는 사업이다. 따라서 무엇보다 인간관계가 중요하다. 만약 당신이 사람 중심으로 비즈니스를 하면 대인관계가 더욱 좋아지면서 돈이 저절로 따라올 것이다.

그러니 당신의 정성, 노력, 기쁨, 사랑, 기대를 주위에 나눠주어야 한다. 당신의 도움을 기대하는 사람들에게 최선을 다해 도움의 손길을 뻗어라. 다른 사람이 원하는 것을 얻도록 당신이 적극 도와줄 경우 당신 역시 당신이 원하는 모든 것을 얻을 수 있다. 당신이 사랑을 전해주고자 할 때 가장 먼저 해야 할 일은 누구에게 사랑을 줄지 명단을 작성하는 일이다.

(1) 명단작성

스폰서와 함께 당신이 아는 모든 사람의 명단을 작성한다. 친구, 친척, 이웃, 학교동창, 직장동료, 업무상 지인, 취미 모임 지인, 단골가게 주인 등 당신과 당신의 배우자가 알고 있는 모든 사람을 명단에 올린다. 이때 모든 선입견을 배제하고 100명 이상을 작성하되 명단을 늘 갖고 다니면서 또 다른 사람이 생각날 때마다 추가한다. 새로 알게 된 사람 역시 명단에 올린다.

(2) 명단작성 자세

성공자의 경험에 따르면 최소 75명 명단을 가지고 6∼12개월 내에 사업설명을 하면 그중 적어도 3명의 '그룹리더'를 발견할 수 있다고 한다. 그 3명이 사업에 성공할 경우 당신은 1년 안에 스폰서로부터 독립할 수 있다.

가능한 한 많은 사람을 명단에 올리고 가까운 정도에 따라 그들을 ABC로 등급을 나눈다. 그런 다음 C등급부터 접촉을 시도한다. 당신은 기회만 보여주는 것일 뿐이고 판단은 상대방이 하는 것이므로 선입견을 버리고 모든 사람을 기록한다.

(3) 100명 이상의 명단을 작성하는 요령

다음 사항을 염두에 두면 보다 많은 사람을 명단에 올릴 수 있다.

- 꿈이 있는가?
- 현재의 수입보다 더 많은 돈을 벌고자 하는가?
- 더 나은 직장을 찾고 있는가?
- 가족과 좀 더 많은 시간을 함께 보내고 싶은가?

- 현재 하는 일에서 만족을 얻지 못하고 있는가?
- 자신의 능력만큼 보상받지 못하다고 생각하는가?
- 퇴직 이후의 노후 문제로 고민하고 있는가?
- 직장 내에서 인간관계 때문에 고통을 겪고 있는가?
- 당신만의 1인 사업을 원하는가?
- 자유롭게 일할 수 있는 제2의 직업을 원하는가?
- 아이를 양육하면서 할 수 있는 일을 찾는가?
- 시간에 구애받지 않고 자유롭게 일하기를 원하는가?
- 다양한 계층의 많은 사람과 교류하고 싶은가?

성공자가 알려주는 통계

❶ 30명에게 사업설명을 하면 적어도 1명은 성공한다.

❷ 100명에게 사업설명을 하면 적어도 3~4명은 성공한다.

❸ 150명에게 사업설명을 하면 적어도 6명은 성공한다.

처음에 명단에 오른 사람이 적다고 낙심할 필요는 없다. 만약 30명 정도 명단을 작성했다면 이후 노력해서 명단을 점점 늘려갈 수 있다.

(4) 명단에서 우선 접촉해야 할 대상

제품은 가장 가까운 인맥부터 권하고 사업은 조금 떨어진 인맥부터 찾는다. 가장 가능성이 큰 사람부터 먼저 접촉하는 것이 좋다. 이 사업에서는 무엇보다 자신감이 중요하므로 거절할 확률이 높은 사람과 먼저 접촉할 필요는 없다.

다음에 해당하는 사람을 먼저 만나보자.

point 가능성이 큰 사람

- 꿈, 비전, 야망, 원하는 라이프스타일이 있는 사람
- 머리회전이 빠르고 현실 감각이 뛰어난 사람
- 돈이나 이자관리, 재테크에 능한 사람
- 대인관계가 원만하고 호감이 가는 사람
- 남들에게 능력을 인정받는 사람
- 성실하고 집중력이 있으며 직업의식이 높은 사람
- 가까운 거리에 있는 사람
- 당신보다 능력이 뛰어나고 성공한 사람

주의할 것은 기대한 사람일수록 네트워크 마케팅을 하지 않는 경우가 많으므로 겉모습만으로 판단하지 않아야 한다는 점이다.

(5) 명단관리

이 사업을 필요로 할 사람을 찾아내 먼저 접촉한다. 특히 혼자 성공할 사람이 아니라 그룹을 성공으로 이끌어줄 사람을 찾아야 한다. 무엇보다 잘 아는 사람이나 평소 친분이 있

던 사람보다 새로 알게 된 사람에게 접촉해 성공한 사례가 많다는 사실을 기억해야 한다.

당신의 지인은 친분 때문에 어쩔 수 없이 이 사업에 참여했을지도 모른다. 또 당신을 잘 아는 사람을 상대로 당신이 리더십을 제대로 발휘하기는 어렵다. 그러므로 직계라인에 너무 큰 기대를 걸거나 많은 시간을 투자하는 것은 금물이다.

가능한 한 원만한 인간성, 체력, 성실성, 근면성을 기준으로 상대방 정보를 파악한다. 일단 접촉한 뒤에는 상대방의 반응에 따라 ○, △, ×로 표시를 해둔다. △는 꾸준히 연락하고 ×는 3～4개월에 한 번씩 연락할 대상이다. 처음에 사업을 거절한 사람도 정기적으로 연락하면 그중 약 3분의 1이 나중에 사업가가 될 확률이 높다.

명단은 항상 업그레이드해서 충분한 사람을 확보하고 있어야 한다. 리더 사업가는 늘 10～20명의 새로운 명단을 추가한다.

명단에 속한 모든 사람에게 반드시 한 번 이상 사업설명을 하고 그들을 ABC 타입으로 분류한다. 이때 사업에 적극적이지 않은 사람은 그 이유를 기록해두고 나중에 당신이 리더가 되었을 때 다시 한 번 접촉한다.

4. 초대 20퍼센트 확률을 뛰어넘는 **효과적인 접촉**

　실질적인 사업 시작은 '초대'부터 이뤄진다. 더 행복해지고 더 건강해지고 더 나은 라이프스타일을 누리고자 하는 사람을 초대해야 한다. 흥미로운 사실은 당신이 원하는 것은 다른 사람도 원한다는 점이다.

　사람들을 초대하는 방법에는 두 가지가 있는데 그것은 전화 접촉과 직접 만나는 것이다. 전화로 접촉할 때는 모임 참석을 권유하는 것에서 그치고 사업설명을 하면 안 된다. 사업설명에는 여러 가지 사업도구가 필요하고 1시간 30분 정도 시간이 든다. 더 중요한 것은 1시간 30분을 들여 사업설명을 해도 한 번의 사업설명으로 전체 내용을 파악하는 사람이 드물다는 사실이다. 결국 전화로 효율적인 사업설명을 하는 것은 거의 불가능한 일이다.

　특히 전화로 초대할 경우에는 미리 대본을 만들어두고 충분히 연습한 후 통화해야 한다. 전화 통화를 할 때 당신은 대

화 주도권을 쥐어야 하므로 대화 대본을 작성해 효과적으로
대응하는 것이 좋다. 그렇지 않으면 상대방이 퍼붓는 여러
가지 질문에 잘 대응하지 못해 초대는커녕 괜한 오해를 불러
일으킬 수 있다.

　성공자들의 경험에 따르면 5명과 접촉할 경우 그중 1명은
초대에 응한다고 한다. 그러므로 효과적인 초대를 위해서는
명단에 충분한 사람이 올라 있어야 한다.

> 전화로 접촉하는 요령
>
> ❶ 처음부터 시간제한을 둔다.
> ❷ 상대방을 칭찬하는 말로 시작한다.
> ❸ 전화를 건 이유를 설명한다.
> ❹ 상대방이 당신이 원하는 조건에 부합하는지 판단한다.
> ❺ 대화로 상대방의 불안과 염려를 제거한다.
> ❻ 초대하려는 목적을 잊지 않는다.
> ❼ 미팅 날짜는 두 개를 준비했다가 상대방의 여건에 맞는 것을
> 　선택한다.

(1) 친구나 친지를 초대하는 방법

　일단 전화로 새로운 사업이 있음을 암시하면서 호기심을
자극한 뒤 직접 만나 사업기회를 보여준다. 무엇보다 많은

시간을 투자하지 않고도 실질소득을 보장받는다는 사실을 알려준다. 즉, 이 사업이 부수입을 올릴 훌륭한 기회임을 보여준다. 특히 많은 사람과 폭넓게 교류할 수 있고 1인 사업이라 재택근무가 가능하다는 점을 강조한다.

네트워크 마케팅의 기본은 한 번에 여러 사람을 초대해 편안한 분위기 속에서 사업설명을 할 수 있는 '홈미팅'이다. 처음에 홈미팅은 스폰서의 도움을 받아 준비하고 진행 방법을 배운다. 경험이 부족한 네트워커는 가급적 1대1 미팅을 피하고 필요할 경우 스폰서와 함께 2대1 미팅을 진행한다.

초대할 때 기억해야 할 사항

❶ 초대는 사업설명을 하는 시간이 아님을 기억한다.

❷ 전화상으로 절대 사업설명을 하지 않는다.

❸ 반드시 전화 대본을 작성해 이용한다.

❹ 비록 서툴러도 자꾸 시도해 익숙해지도록 노력한다.

(2) 모임에 임하는 자세

모임에 참석할 때는 비즈니스 복장을 갖추고 열정적인 자세로 즐겁게 임한다. 의자나 방석은 예상하는 참석자 수만큼 준비하고 여분은 없애는 것이 좋다. 또한 모임 장소는 산만하지 않게 잘 정리정돈하고 조명, 휴대전화 등의 영향을 고려해 사전에 조치를 취한다.

모임을 진행하는 중이나 진행하기 전에 제품과 핀 등이 보이지 않도록 신경 쓰고 참석자에게 제공하는 간단한 다과는 모임 시작 후 내놓는다.

(3) 모임 진행

- 늦는 사람을 기다리지 말고 반드시 정해진 시간에 시작한다.
- 강사는 모든 사람이 도착한 다음 몇 분 뒤 참석한다.
- 주최자는 강사를 멋진 사업을 성공적으로 수행하는 최고의 사업파트너로 소개한다.
- 주최자는 모임 내용을 모두 기록해 자료로 활용한다.

스폰서는 처음 몇 개월 동안 초보 네트워커가 주위의 부정적 요소에 영향을 받지 않도록 도와주어야 한다. 특히 초보 네트워커가 자신감을 보일 때까지 함께 움직이면서 성공하는 모습을 보여준다.

5. 　　사업설명 **사업을 정확히 보여줄 기회, 쇼(쉐어)더플랜!**

　당신을 성공자로 이끌기 위해 당신의 스폰서가 하염없이 사랑을 나눠주었듯 당신도 다른 사람들을 위해 사랑을 나눠주어야 한다. 사랑이 없으면 완전한 성공은 불가능하다. 이 사업에서는 자신보다 남을 위해 노력할 때 더 크게 성공한다. 성공자에게는 성공의 이유가 있고 실패자에게는 실패의 이유가 있는 법이다.

　사업설명은 그리 어려운 일이 아니다. 시스템에서 권장하는 사업 내용을 그대로 이야기하면 그만이기 때문이다. 다만 그 설명 방법에 약간 차이가 있을 뿐이다. 가능한 한 빨리 스스로 사업설명을 할 수 있도록 노력해야 한다.

(1) 사업설명에 임하는 자세

　① 모임 예정일부터 7～10일 전에 초대하고 모임을 열기 하루나 이틀 전에 약속을 재확인한다.

② 반드시 스폰서와 상의한다. 경험이 많은 스폰서는 보다 효과적인 사업설명을 위해 당신을 아낌없이 지원해줄 것이다.

③ 첫 번째 사업설명회에서는 당신의 스폰서가 강사로 나와 사업설명회를 이끌어준다. 이때 당신은 진지한 자세로 기록하면서 경청해 모범을 보여주어야 한다.

④ 언제까지나 스폰서에게 의존할 수는 없으므로 스스로 여는 사업설명회를 위해 스폰서의 행동 하나하나를 기록하고 모델화한다.

⑤ 모임 막바지에 다음 모임 일정과 세미나, 랠리를 적극 홍보한다. 이를 알리지 않으면 결코 사업설명이 끝난 게 아니다.

⑥ 참석자들에게 고맙다는 말 대신 함께해서 즐거웠다고 말한다. 질문사항이 있는 사람은 따로 남겨 질문을 받되 이때 스폰서가 어떻게 응하는지 잘 보고 배운다.

⑦ 참석자들이 돌아갈 때는 책이나 CD 등 툴을 빌려주고 24~48시간 내에 돌려받겠다는 약속을 한다.

⑧ 사업설명회에 1명도 참석하지 않아도 그 모임을 진행한다. 너무 우울해하지 말고 연습기회라고 여긴다.

⑨ 참석하지 못한 사람들에게 전화를 건다. 이때 밝고 명랑하게 좋은 모임이었음을 알리고 다음에 참석할 약속을 받는다.

초대할 때 반드시 알려야 하는 것

❶ 상대방이 참석할 것을 기대하고 있다는 것.

❷ 모임 장소에 자리가 한정적이라 상대를 위해 미리 자리를 확보해놓겠다는 것.

❸ 모임을 정시에 시작하므로 적어도 시작 10분 전에 도착해야 한다는 것.

(2) 자기점검법

1인 사업을 하는 당신은 타인을 도와주는 동시에 당신 자신에게 동기를 부여할 수 있어야 한다. 당신의 상황을 점검해보고 이 사업이 당신에게 얼마나 훌륭한 기회인지 생각해보라. 이와 함께 다음 질문으로 사람들이 자신의 현재 상황을 정확히 인식하도록 도와주어라.

plan 질문으로 점검하기

- 현재의 수입에 만족하는가?
- 현재 직업이 안정적이고 그 직업에 만족하는가?
- 시간적 자유를 충분히 누리고 있는가?
- 언제든 원할 때 쉬거나 여행을 즐길 만큼 돈이 넉넉한가?
- 노후준비를 했는가?
- 1인 사업을 원하면서도 선뜻 도전하지 못하고 있는가?
- 마음이 열린 사람들과 교류하고 싶은가?

(3) 꿈을 실현할 기회를 보여준다

- 시간적, 경제적 자유를 실현할 기회를 제공한다.
- 가족과 행복, 건강, 취미, 여가생활을 누릴 수 있음을 보여준다.
- 우수한 제품을 함께 공유할 많은 사람을 짧은 기간에 조직하는 방법을 제시한다.
- 레버리지 효과로 회원이 기하급수적으로 증가하는 원리를 알려준다(예: 2-4-8-16…, 3-9-27-81…, 4-8-16-67…, 5-25-125-625…).
- 자신을 위해 제품을 사용하는 것만으로도 돈을 버는 방식을 보여준다. 즉, 돈을 쓰면서 돈을 버는 프로슈머 개념을 이해하게 한다.
- 레버리지 효과로 사람들이 늘어나면서 소득도 기하급수적으로 증가한다는 사실을 보여준다(예: 회원이 1,000명일 때 그들이 각각 매달 20만 원씩 사용하면 월 2억 원이다. 만약 보너스로 5퍼센트를 받으면 1,000만 원의 소득이 발생한다).

이 모든 것을 한꺼번에 보여주려 할 필요는 없다. 상황에 적합하게 효율적으로 알려주는 것이 바람직하다.

(4) 사업설명회에서 다뤄야 할 주요 내용

① 현실

실업률, 경기불황, 첨단산업 발달(첨단산업이 발달하면 일자

리가 줄어들고 인력 고급화 경향이 뚜렷해진다), 부유층 상위 20

퍼센트가 총자산의 80퍼센트 보유.

② **자영업**을 하려면 자본을 비롯해 노하우, 경험, 시장상황, 경쟁자 정보를 모두 갖춰야 한다.

③ **직장생활**

자녀교육비와 결혼자금을 충당하고 노후생활 대책(평균 수명까지 살면 20~30년간 소득이 아주 낮거나 아예 없이 지내야 한다)까지 세우는 데 한계가 따른다.

④ **프랜차이즈**

성공률은 높지만 초기 투자금이 막대하고 경쟁이 치열하다.

⑤ **미래 예측과 경제 상황**

21세기는 눈에 보이지는 않지만 존재만으로도 가치가 충분한 정보, 시간 같은 무형자산 시대다. 따라서 이를 토대로 한 정보산업을 비롯해 택배, 소비자 유통, 웰니스 산업이 크게 붐을 이룰 것이다.

(5) 비교 설명

• 대형 할인마트와 네트워크 마케팅 비교

구분	대형 할인마트	네트워크 마케팅
가격	20 ~ 30% 할인	20 ~ 30% 할인
쇼핑 방법	직접쇼핑 (시간과 유류비 소모) 운반도 본인 부담	전화나 인터넷 주문 (시간과 돈 절약) 택배 서비스
반품 여부	반품조건이 까다롭고 7일 이내에 반품해야 함	100% 만족보증제도 있음. 반품 가능
소비와 지출의 관계	소비는 곧 지출 (쓰면 없어짐)	소비는 곧 투자 (사용한 만큼 저축)
보너스 제도	보너스 제도 미비	본인의 노력에 따라 보너스 지급, 캐시백

• 일반 직업과 네트워커 비교

구분	일반 직업	네트워커
구조	피라미드 구조 (정상에 사람이 극소수)	사다리 구조나 거미줄 구조 (정상에 사람이 많다)
관계	수직적 상하관계	사업 파트너로서 수평관계
시간적인 자유	출퇴근이나 근무시간에 제약이 있다	자유롭게 본인이 결정한다
미래의 가능성	성공이 보장되지 않는다	성공이 보장된다 (포기하지만 않으면)
대인관계	엄격한 상하관계 유지	인격적 파트너 관계 유지
자기계발	자기계발에 한계가 있음	자기계발에 한계가 없음
재정적 독립	한계가 뚜렷함	재정적 독립 가능
일하는 방식	회사규칙에 따라 일이 진행됨	성공자의 방법을 모방함
독립사업	독립사업 불가능	독립사업
회사와의 관계	Win-Lose	Win-Win

6. 후속조치/팔로우업 씨앗을 뿌린 뒤 물을 주는 **후속조치**

네트워커 중 한 번의 모임으로 이 사업을 선택한 사람은 별로 없다. 물론 첫 사업설명에서 엄청나게 감동을 받는 사람은 많지만 감동은 시간이 흐를수록 엷어지게 마련이다. 그리고 첫 사업설명에서 별다른 감동을 받지 못한 사람도 지속적인 후속조치로 사업에 깊은 관심을 보일 수 있다. 그래서 후속조치가 중요한 것이다.

특히 정보가 부족하면 잠재사업자는 새로운 사업에 관심을 기울이기보다 네트워크 마케팅을 알 수 없는 단체, 정체 모를 사람들의 모임이라고 오해한다. 그러므로 이 사업을 보다 정확히 알려주려는 지속적인 노력이 필요하다.

(1) 효과적인 후속조치를 위한 가이드

후속조치 효과가 가장 좋은 시간은 사업설명 후 24~48시간 이내다. 따라서 그 시간 안에 다음 모임을 약속해야 한다.

첫 모임은 당신의 집에서, 두 번째 모임은 스폰서의 집에서 여는 것이 좋다. 두 번째 모임에서는 첫 번째 모임보다 더 유익한 정보를 제공하면서 사업 분위기를 연출해야 하기 때문이다.

만약 모임 날짜를 정하지 않았다면 스폰서와 상의해 24~48시간 내에 사업 비전, 미래의 수입과 꿈을 주제로 토의한다. 가능한 한 후속조치는 전화로 하지 말고 대화할 때는 절대 논쟁하지 마라. 설령 논쟁에서 이겨도 그것은 이기는 게 아니다.

후속조치를 할 때는 상대의 관심을 긍정적으로 이끌어낼 수 있는 대화로 시작하고 다음 모임에 함께 올 수 있는 사람이 있는지 알아본다. 상대가 사인을 했다고 끝이 아니다. 오히려 그때부터 시작이다.

후속조치를 할 때 잠재사업자는 다음과 같이 분류한다.

- **A타입:** 비즈니스 유형으로 사업에 관심도가 높고 이 사업을 꿈을 실현할 기회로 받아들인다.
- **B타입:** 사업을 적극 전개하지 않지만 네트워커가 되어 자가 소비를 한다.
- **C타입:** 네트워커가 되지 않고 그냥 고객으로만 남는다.

잠재사업자 분류 type

당신은 A타입과 긴밀히 협조하면서 그들이 빠른 시일 내에 그룹리더로 성장하도록 적극 도와줘야 한다.

(2) 스폰서와의 상담

당신보다 더 당신의 성공을 기대하고 바라는 사람은 바로 스폰서다. 그러므로 당신의 상위 리더와 사업 진행 과정을 비롯해 당신의 꿈, 목표, 그룹 등을 놓고 정기적으로 상담해야 한다. 매주 사업설명을 몇 번 진행할지, 몇 명을 초대할지도 스폰서와 함께 점검한다. 나아가 당신이 시스템 테두리 안에서 사업을 진행하고 있는지 확인하고 당신의 사업에 영향을 주는 모든 일을 스폰서와 상담한다.

(3) 사업 기반인 잠재사업자 관리

당신은 잠재사업자에게 제품을 판매하는 게 아니라 좋은 제품과 정보를 전달하는 것이므로 그들을 당신의 친구로 만들어야 한다. 특히 당신이 대하기 어려운 잠재사업자일수록 당신에게 많은 것을 가르쳐준다. 그러므로 그들을 피하려 하지 말고 적극 도전해 친밀한 인간관계를 구축해야 한다.

잠재사업자는 당신의 작은 정성 하나에도 민감하게 반응하므로 세심하게 정성과 관심을 기울일 필요가 있다. 이를 위해 잠재사업자를 만나기 전에는 반드시 정신적·감정적으로 준비해야 한다. 미리 준비하면 어떤 상황에 부딪히든 당신의 페이스대로 분위기를 주도해갈 수 있다.

이때 당신의 취향과 잠재사업자의 취향이 다를 수 있음을 인정하고 강요나 강압은 피해야 한다. 설령 잠재사업자가 거절해도 비관하거나 부정적인 생각에 빠질 필요는 없다. 당신이 말을 꺼냈을 당시 상대의 기분이나 개인적인 상황이 나빴을 수도 있다. 상황이란 늘 변하게 마련이므로 다음 기회를 위해 마음의 준비를 하라.

잠재사업자와의 약속은 반드시 지켜야 한다. 세상사는 항상 작은 일이 큰 일로 이어지게 마련인데 약속을 어기는 것은 치명적 실수다. 특히 상대의 입장에 서서 이익을 생각해야 한다. 당신이 상대의 이익을 위해 최선을 다할 때 결국 그 이익은 당신에게로 돌아온다.

어떤 상황에서든 회사와 제품의 가치를 믿어라. 그래야 당신은 자신감에 가득 차 잠재사업자에게 더 커다란 가치를 제공할 수 있다.

통계에 따르면 잠재사업자가 이 사업에 참여하기로 결정하는 것은 처음과 두 번째 후속조치 때 가장 많고 세 번째 후속조치에서 결심할 확률은 극히 낮다.

(4) 시스템 키 포인트

아무리 기억력이 떨어져도 새로운 정보를 여섯 번 이상 반복해서 들으면 50퍼센트는 기억한다. 그러므로 핑계를 대지 말고 책이나 도구를 반복해서 활용해 정보를 습득해야 한다. 지식이 생기면 믿음이 굳어지고 그것은 확신으로 이어져 행동을 유발한다. 이것을 반복할 경우 성공습관으로 자리를 잡아 성공에 이르게 된다.

- 하루에 책을 30분 이상 읽고 동기부여 CD나 동영상을 하나 이상 듣고 본다.
- 스폰서가 추천하는 모임에 반드시 참석한다.
- 성공자세를 습관화하고 백만장자의 사고방식을 지닌다.
- 정보와 지식을 습득하고 후속조치를 적극 취한다.
- 큰 모임에 참가해 성공하는 리더의 자세를 보고 배운다.
- 스스로 미래 청사진을 그리면서 성실하게 임하고 스폰서의 도움을 받아 장애물을 극복한다.
- 지속적으로 실천하고 반복적으로 결의를 다진다.
- 굳은 확신 아래 스폰서와 함께 계획을 수립한다.
- 팀원들과 서로 도움을 주고받으며 성공습관을 유지한다.

7. / 카운셀링 부정을 상쇄하는 강력한 긍정

많은 사람이 이 사업을 몹시 궁금해 한다. 궁금증은 곧 호기심이며 당신이 여기에 어떻게 대응하느냐에 따라 사업 규모가 달라진다. 훌륭한 스승을 찾아 사람들의 질문에 어떻게 대응해야 하는지 배워라. 당신의 말을 진지하게 들어주고 질문하며 진정한 충고를 해주는 멘토를 찾아야 한다.

(1) 주요 예상질문 내용

• 이 사업으로 무엇을 얻을 수 있는가?

• 이 사업을 하려면 자본이 얼마나 있어야 하는가?

• 당신의 말이 진실이라면 상당히 좋은 기회인데 왜 그 기회를 나와 공유하려는 것인가?

• 배우자를 동반하는 것이 더 유리하다고 말하는 이유는 무엇인가?

• 만약 네트워커가 된다면 어떤 일을 해야 하는가?

• 당신의 회사에서는 주로 어떤 제품을 다루는가?

(2) 거절의 의미

거절은 곧 기회를 의미하므로 그 기회를 최대로 활용해야
한다. 먼저 잠재사업자가 실제로 원하는 것이 무엇인지 파악
해야 한다. 또한 잠재사업자가 무엇을 필요로 하는지, 그의
꿈과 목표가 무엇인지 알아낸다.

(3) 거절의 이유

① **지금의 일만으로도 너무 바빠 시간이 없다.**

"그렇다면 시간의 자유를 누리고 싶겠군요?! 사실 이 사
업은 시간이 별로 없는 사람에게 적합합니다. 시스템과
시간을 복제하는 사업이라 성공하면 시간적 자유가 주
어지거든요."

② **말재주도 없고 경험도 없다.**

"이 사업을 시작하면 시스템이라 불리는 성공 노하우를
알려줍니다. 당신은 그 시스템을 따르기만 하면 되며 사
업경험은 필요 없습니다. 또한 이 사업에는 체계적인 교
육 프로그램이 있어서 노력에 따라 당신의 화술을 개발
할 수 있습니다."

③ **사업이 어려워 보인다.**

"어떤 일이든 준비 과정에서는 어렵게 느껴지는 법입니
다. 이 사업은 어느 정도 노력한 후 본 궤도에 올라서면

아주 쉬운 비즈니스입니다."

④ **아직 아이가 너무 어리다.**

"이 사업은 재택근무가 가능하기 때문에 아이를 돌보
면서 충분히 할 수 있습니다. 오히려 아이에게 행복하
고 풍요로운 환경을 제공하기 위해서라도 필요한 사업
입니다."

⑤ **제품 값이 너무 비싸다.**

"한번 사용해보면 품질과 성능의 우수성을 체험할 것입
니다. 질이 낮은 것을 싸게 사는 것보다 질 좋은 것을 제
값에 사는 것이 낫지 않을까요? 캐시백 보너스 제도와
반품 제도가 있으므로 제품의 질과 가격은 걱정하지 않
아도 됩니다."

⑥ **성격이 활달하지 못하다.**

"그렇다면 더 잘됐군요. 이 사업에서는 각계각층의 다
양한 사람을 만날 수 있으므로 당신의 성격을 바꾸는 데
많은 도움이 될 것입니다."

⑦ **가족이 반대한다.**

"그것은 가족이 이 사업의 진실을 잘 모르기 때문입니
다. 만약 당신이 성공하면 가족은 언제 그랬나 싶게 당
신을 열심히 도와줄 것입니다."

⑧ **먼저 시작한 사람에게만 유리한 사업이다.**

"이 사업 시스템은 매우 공평합니다. 먼저 했든 나중에
했든 자신이 일한 만큼만 보상이 주어지지요. 나중에 시

작한 사람이 먼저 시작한 사람보다 더 많은 보상을 얻을
수도 있습니다."

⑨ **전에 이 사업을 해본 적 있다.**

"이 사업에서 중요한 것은 시스템을 제대로 알고 정확
히 따르는 일입니다. 사실 이 사업을 제대로 알지도 못
한 채 자신감을 상실하고 도중에 포기하는 사람이 많습
니다. 반면 이 사업을 제대로 아는 사람은 절대 포기하
지 않습니다. 그리고 그런 사람은 반드시 성공하지요."

⑩ **생각보다 돈벌이가 너무 느리다.**

"평균 하루에 2~3시간을 투자해 6개월에서 1년 정도 노
력하면 매달 100만 원의 수입을 올리는데 그것이 느리다
고 생각하나요? 몇 년 동안 하루 종일 일하고도 매달 150
~200만 원을 버는 많은 직장인과 비교해보세요."

⑪ **혹시 피라미드 아닌가?**

"언뜻 피라미드와 비슷해 보이지만 그 방식에 엄청난
차이가 있습니다. 피라미드는 가입비가 비싸고 제품이
형편없으며 100퍼센트 환불해주지도 않습니다. 네트워
크 마케팅 사업은 그와 정반대입니다."

거절에 어떻게 대응할지 확실한 마인드를 세워놓아야 한
다. 성공자에 따르면 25명 정도를 만났을 때 1명이 긍정적인
대답을 한다고 한다. 리크루팅이나 제품 전달도 마찬가지 비
율로 성공한다. 그러므로 나머지 24명을 아쉬워하며 시간과

열정을 낭비할 필요가 없다.

거절을 두려워하지 말고 자신감 있게 사람들을 대하라. 밝은 미소로 좋은 첫인상을 남겨라.

8. 복제 프로는
아름답다

성공자는 스스로 모범을 보여 다운라인이 영감을 받게 해야 한다. 그것이 성공의 척도를 결정짓는다. 다른 사람을 사랑하는 것이 성공의 열쇠다. 그리고 실패를 두려워하지 마라. 100을 향해 전진했다가 설령 50을 얻더라도 가만히 있는 것보다는 낫다.

21세기는 먹고사는 문제가 아니라 삶의 질을 걱정해야 하는 시대다. 삶의 질을 높이려면 당신은 어떤 일에서든 성공해야 하고 성공하려면 실천이 필요하다.

첫째, 기회를 읽는다. 시대 변화에 주목해 기회를 발견하고 그 기회를 꽉 움켜쥔다.

둘째, 좋은 선택을 한다. 어떤 사람, 어떤 일, 어떤 상황을 선택하는가가 일생을 좌우할 수 있다.

셋째, 머리로 생각만 하는 게 아니라 실제로 행동한다. 세상에 움직이지 않고 얻을 수 있는 것은 아무것도 없다. 적당한 것, 편한 것, 쉬운 것에 안주하지 말고 도전하라. 미래를 현재와 똑같이 살고 싶지 않다면 말이다.

넷째, 변화한다. 세상은 계속 변화하는데 혼자 가만히 서 있으면 낙오자로 전락할 수밖에 없다. 행동을 바꾸고 말을 바꾸고 생각을 바꿔라. 새로운 변화에 철저히 적응하라.

다섯째, 적당한 때를 기다리지 말고 적당한 때를 만든다. 늘 기다리기만 하는 사람에게는 아무것도 주어지지 않는다. 뭔가를 얻고자 한다면 지금 선택해 실천해야 한다.

어떤 사업에서든 수익을 최대로 올리려면 요령을 터득해야 한다. 여기서 말하는 요령은 얕은꾀나 잔재주가 아니다. 정정당당하게 비즈니스를 전개하되 보다 효과적인 방법을 따르라는 의미다.

① **자사 제품에 자부심을 갖는다.**

결코 제품을 두고 험담을 늘어놓거나 비난하면 안 된다. 제품 특징을 정확히 설명해주는 것은 기본이지만 선택은 상대방이 하는 것이므로 사전에 나쁜 선입견을 심어주는 것은 옳지 않다.

② **사업에 적극 임한다.**

이 사업은 어디까지나 1인 사업이므로 스스로 오픈미팅과 여러 가지 세미나에 참석해 열심히 노력해야 한다.

③ **스스로를 잘 관리한다.**

당신은 1인 사업가이므로 사업을 스스로 관리하고 확인해 진행 상황을 꿰뚫고 있어야 한다. 만약 매출이 줄어들면 그 원인을 분석해보고 만회하기 위해 더 노력해야 한다.

④ **프로가 된다.**

늘 마케팅 전략을 세우고 스케줄대로 움직이며 배우는 자세로 임한다. 프로는 항상 자기 자신을 위해 시간과 노력을 투자한다.

⑤ **원활한 대인관계를 유지한다.**

스폰서를 잘 따르고 다운라인이 당신을 잘 따르도록 모범을 보인다. 이 사업에서는 가장 인간적인 네트워커가 가장 크게 성공한다.

⑥ **강한 책임감을 보인다.**

약속은 철저히 지키고 완벽한 마케팅을 구사하기 위해 열심히 노력한다. 비록 1인 사업이지만 당신의 행동 하나하나는 많은 사람에게 영향을 미친다. 그 영향이 올바르고 바람직하도록 최선을 다해야 한다.

⑦ **인내와 끈기를 발휘한다.**

단시일 내에 뭔가 이뤄진다면 그것은 사업이 아닌 한탕주의에 불과하다. 이 사업은 당신의 인생을 책임져줄 정도로 강하고 탄탄한 비즈니스다. 하지만 이를 위해서는 당신의 끈질긴 열정과 노력이 필요하다. 그 대가를 지불하고 평생의 안정을 보장받아라.

⑧ 시스템을 따른다.

편하게 갈 수 있는 길을 놔두고 굳이 가시밭길을 선택하지 마라. 앞선 성공자가 탄탄하게 구축해놓은 시스템을 그대로 따라가면 당신은 원하는 것을 얻을 수 있다. 괜한 고집 부리지 마라. 이 사업의 성공 시스템은 이미 많은 사람이 입증한 것이다.

일반 기업에서는 기본적으로 상사보다 더 높은 보수를 받을 수 없다. 간혹 철저하게 능력대로 연봉을 책정하는 회사도 있지만 그것은 극히 일부에 지나지 않는다. 반면 네트워크 마케팅에서는 보상플랜에 따른 자격조건만 갖추면 소득에 상한선이 없다. 그것은 절대적으로 자신의 노력과 성과에 따라 이뤄진다.

(1) 동기부여 방법
- 대화하며 상대방의 꿈과 야망을 듣는다.
- 목표를 세운 뒤 그 목표에 따른 세부계획을 짜서 실천하게 한다.
- 열심히 실천하도록 격려하고 두려워하지 않게 용기를 준다.
- 능력을 인정하고 지원책을 마련해준다.

(2) 리더의 계획과 행동
- 다른 사람의 호기심을 불러일으킨다.

- 늘 밝은 표정으로 미소를 짓는다.
- 칭찬과 감사의 말로 의욕을 불러일으킨다.
- 잘못을 지적할 때는 간접적으로 한다.
- 남의 말을 귀 기울여 경청한다.
- 상대를 비판하기에 앞서 자신의 잘못을 먼저 인정한다.
- 상대를 격려해준다.
- 상대의 능력을 인정해준다.
- 명령하지 않고 부탁한다.
- 상대의 관심사를 중심으로 이야기한다.

리더의 하루

❶ 하루를 밝고 긍정적으로 시작한다.

❷ 그날 할 일을 정리한다.

❸ 다양한 모임에 참석한다.

❹ 발표력 향상을 위한 기술을 습득한다.

❺ 매일 최선을 다해 노력한다.

(3) 성공패턴 복제

- 가르치는 방법을 가르친다.
- 배우고 행한 다음 가르친다.
- 성공의 지름길은 시스템 복제에 있다. 시스템을 적극 활용하고 책, CD, 모임을 프로모션하라.

- 정기적으로 다운라인이 당신을 제대로 복제하고 있는지 점검한다.
- 말보다 행동으로 모범을 보인다.
- 진솔하게 말하고 행동한다.
- 최소한 월 15회 이상 사업설명회를 한다.
- 성공자세를 습관화한다.
- 다운라인의 능력을 인정한다.
- 사업을 의욕적으로 추진한다.

인간적으로 성장하려면?

❶ 성공자가 쓴 자기계발 책을 읽는다.

❷ 성공자의 강연 CD를 열심히 듣는다.

❸ 성공자와 지속적으로 접촉한다.

(4) 리더의 성공자세

- 스스로 결정한 목표에 생각을 집중하고 마음은 번영과 성공 쪽으로 향한다.
- 자신을 무한히 신뢰하고 스스로 만든 한계를 극복한다.
- 성취 기쁨을 다른 사람들과 함께 나눈다.
- 타인을 열린 자세로 대한다.
- 타인의 장점을 찾고 단점은 너그럽게 이해한다.
- 자기연민에 빠지지 않도록 주의한다.

- 스스로의 가치를 인정한다.
- 얻기를 기대하기보다 양적·질적으로 더 많이 봉사한다.
- 역경 속에는 항상 이익의 씨앗이 숨어 있음을 기억하고 이를 찾도록 노력한다.
- 스스로의 양심에 부끄럽지 않게 행동한다.
- 건강의 중요성을 인정하고 건강 유지를 위해 시간을 투자한다.
- 일주일에 하루 정도는 취미생활로 삶의 균형을 유지한다.
- 자신 외에는 누구와도 경쟁하지 않는다. 오히려 그 힘을 창의력 발휘에 활용한다.
- 변화를 두려워하지 말고 새로운 것을 추구해 정복한다.
- 적어도 일주일에 두 번 정도는 사교 모임에 참석한다.
- 매사를 낙관적으로 대한다.
- 당당하게 행동하고 특히 사람에게 많이 투자한다.
- 명상하는 시간을 낸다.
- 스스로를 격려한다.
- 마음에서 우러나오는 진실한 예의로 사람들을 대한다.

> 네트워크 마케팅에서는
>
> 보상플랜에 따른 자격조건만 갖추면
>
> 소득에 상한선이 없다.
>
> 그것은 절대적으로
>
> 자신의 노력과 성과에 따라 이뤄진다.

그룹의 성장을 위한 방법
System에 달려있다

2부

실천편

02

실천편

"

시작 시점보다 더 중요한 것은

성공 시스템을 배워

빨리 셀프리더(Self-leader)가 되는 것이다.

'나'로부터 시작하는 그룹의 규모와 활동이

성장과 성공을 결정하기 때문이다.

"

1. 셀프리더 **1단계:**
목표 만들기

네트워크 마케팅은 먼저 시작한 사람에게 유리하고 나중에 시작한 사람에게 불리한 것이 아니다. 시작 시점보다 더 중요한 것은 성공 시스템을 배워 빨리 셀프리더(Self-leader)가 되는 것이다. '나'로부터 시작하는 그룹의 규모와 활동이 성장과 성공을 결정하기 때문이다.

네트워크 마케팅은 복제사업이므로 누가 복제를 잘하느냐가 성패를 좌우한다. 복제를 잘하는 지름길은 선배 네트워커들의 풍부한 경험과 지식을 체계적으로 정리한 성공 시스템을 배우고 실천하는 데 있다. 그 성공 시스템을 배우고 익혀 스스로 셀프리더가 되고 파트너들이 똑같은 과정으로 셀프리더가 되도록 돕는 것이 복제다. 이것만 잘하면 누구나 네트워크 마케팅에서 성공할 수 있다.

초보 네트워커가 셀프리더가 되는 첫 단계는 목표 만들기다. 목표는 구체화하면 할수록 자신감과 열정이 강해져 성공을 더욱 확신하게 된다. 목표 만들기에는 순서와 방법이 있는데 이를 습관화하면 누구나 목표를 이룰 수 있다.

(1) 꿈의 목록 작성하기

먼저 A4 용지나 노트에 꿈의 목록(Dream list)을 작성하되 최대한 많이 기록한다. 하고 싶은 것, 되고 싶은 것, 갖고 싶은 것을 기록하는 것이다. 이때 시간을 넉넉히 들여 생각하지 않고 생각나는 것을 즉시 적는다. 생각이 떠오르자마자 적어야 한다.

사람들은 보통 A4 용지를 앞에 놓고 곰곰이 생각하다가 한참 만에 하나씩 적기 시작한다. 그 내용을 보면 대개 지극히 현실적인 목록이다. 목표란 약간 이루기 힘들고 심하면 실현하기가 거의 불가능해 보이는 것을 말한다. 조금만 노력해도 이룰 수 있는 것은 목표가 아니라 '할 수 있는 일'이다.

꿈의 목록	
구성	내용
되고 싶은 것	백만장자
	세계여행가
	자선사업가
하고 싶은 것	히말라야 등정
	스카이다이빙
	가족과 세계여행
갖고 싶은 것	전원주택
	고급 자동차
	럭셔리한 사무실

평소에 최선을 다하지 않는 사람에게는 그것마저 크게 느껴질지 모르지만 진정한 목표는 실현 불가능해 보이긴 해도 꼭 하고 싶은 것이다. 그러므로 꿈의 목록을 작성할 때는 좀 황당하거나 깜짝 놀랄 만한 내용이어도 괜찮으니 상상할 수 있는 모든 것을 기록한다. 이런 목록은 생각나자마자 곧바로 적는 것이 효과적이다. 시간을 두고 생각할수록 현실을 고려하느라 진정한 목표의 의미에서 멀어지기 때문이다.

(2) 목표 설정하기

꿈의 목록을 작성하는 것은 쉬운 일이지만 대개는 생각만 할 뿐 종이에 직접 쓰지 않는다. 종이에 꿈의 목록을 기록하면 꿈이 살아 움직이고 가슴속에서 뜨거운 감정이 북받친다. 이처럼 꿈을 기록하는 것만으로도 기분이 좋고 열정이 생기지만 이것은 아직 성공으로 이끄는 단계가 아니다.

꿈을 실현하려면 기록으로 끝내는 게 아니라 행동으로 옮겨야 한다. 그 행동을 이끌어내려면 다음 다섯 가지를 염두에 두어야 한다.

첫 번째, 꿈의 목록 각각에 최종시한을 정한다. 꿈을 이루고 싶은 연도와 날짜를 기록하되 가능한 한 날짜를 생각보다 앞당겨 이루기 어려운 날짜로 설정한다. 그래야 도전의지가 강해진다. 이처럼 꿈의 목록에 최종시한을 정하면 이것이 곧 목표가 된다. 특히 최종시한을 정할 때는 꿈의 목록을 좀 더 구체적으로 재설정한다. 예를 들어 꿈의 목록에 '고급 자동차'가 있다면 최종시한을 정할 때는 '벤츠S560'이라고 적는다.

두 번째, 자신의 취향에 맞게 우선순위를 정한다. 목표의 가치와 의미를 우선순위로 하는 사람도 있고 단기목표를 우선순위로 정하는 사람도 있다. 우선순위를 정하면 사소하고 쓸데없는 곳에 시간을 낭비하거나 에너지를 쏟지 않아 집중력이 높아진다. 당연히 목표지향적으로 살아가기 때문에 걱정, 고민, 스트레스로부터 자연스럽게 멀어지고 활기차게 지낸다.

세 번째, 예상하는 장애요인을 적는다. 목표가 클수록 장애요인이 많다. 도중에 목표를 포기하는 사람이 많은 이유는 전혀 예상치 못한 일에 부딪혀 넘어졌다가 일어나지 못하는 탓이다. 이를 방지하기 위해서는 미리 예상 장애요인을 정리해놓았다가 문제가 발생했을 때 적절히 대처해야 한다.

네 번째, 예상하는 해결 방법을 적는다. 최선은 아니어도 현재 가능한 해결 방법을 모두 기록한다. 그리고 틈틈이 해결 방법을 찾아 수정하고 보완한다.

다섯째, 목표를 꼭 이루겠다는 다짐이나 구호를 적는다. 매일 다짐과 구호를 외치며 정신을 성공에 집중한다. 이미 성공한 사람처럼 생각하고 행동하면 매일 자신감과 열정이 넘치는 생활을 할 수 있다.

목표 만들기			
구성	꿈의 목록	최종시한	우선순위
되고 싶은 것	백만장자	2023년 3월 3일까지 월 소득 1억 달성하기	2
	세계여행가	2025년 8월 8일부터 평생 1년에 2개국 여행하기	6
	자선사업가	2030년 9월 9일부터 학생 10명에게 장학금 기부	9
하고 싶은 것	히말라야 등정	2028년 10월 10일 히말라야 등정하기	8
	스카이다이빙	2026년 5월 5일 뉴질랜드에서 스카이다이빙하기	7
	가족과 세계여행	2025년 8월 8일부터 1년에 2개국 여행하기	5
갖고 싶은 것	전원주택	2024년 7월 7일 양평에서 100평 2층 전원주택 살기	4
	고급 자동차	2023년 2월 2일 벤츠S560 구매하기	1
	럭셔리한 사무실	2023년 6월 6일 잠실 한강변 33평 고급 사무실 임대	3
예상 장애요인	게으름(미루는 습관)		
	가족의 불신과 반대		
	조직 구성의 어려움(리크루팅)		
예상 해결 방법	하루에 일 세 가지 즉시 실천하기 (생각나자마자 실천하는 습관 기르기)		
	현실적인 결과 만들어 선물하기 (매월 소득의 10%로 가족 선물 준비)		
	콜드컨택 방법 마스터하기 (시스템에서 배운 콜드컨택 방법 100% 실천)		
다짐/구호	나는 백만장자다! 나는 위대한 네트워커다!		

이 같은 양식을 아침마다 작성하면 어느 순간부터 자연스 럽게 꿈꾸는 것이 습관이 되고 목표가 뚜렷해져 하루를 활기 차게 시작할 수 있다.

2.

셀프리더 **2단계:**
열정 만들기

네트워크 마케팅에서 성공하려면 식지 않는 열정과 꾸준함이 필수인데 그 바탕은 내면의 강인함이다. 그리고 내면의 강인함을 만드는 가장 좋은 방법은 다음 내용을 반복해서 습관화하는 것이다. 이것이 습관으로 자리 잡을 경우 네트워크 마케팅은 세상에서 가장 재미있고 쉬운 비즈니스가 된다.

(1) 책 읽고 밑줄 긋기

열정을 만들고 식지 않게 하는 가장 쉽고 빠른 방법은 성공자가 쓴 책을 읽는 것이다. 성공한 사람들은 모두 책을 많이 읽었다. 그들은 전문가나 선배들이 쓴 책을 읽고 과거, 현재, 미래를 보는 지혜를 얻어 자기 분야에서 성공한 사람이다.

가령 책은 방향을 올바르게 설정하는 법이나 미래에 다가올 장애물을 극복하는 법을 알려준다. 그래서 성공자는 스폰서와 그룹이 추천하는 책을 모두 읽는다. 특히 그들은 정독

하는 것은 물론 중요한 부분에 밑줄을 그으면서 읽는다.

초보 네트워커에게 추천하는 책은 대부분 얇고 가볍다. 핵심만 담아낸 그 책들은 모든 내용이 중요하므로 몇 번이고 반복해서 읽어 내 지식으로 만들어야 한다. 그중 밑줄을 그은 부분은 따로 기록하거나 스마트폰에 저장해 수시로 보면서 마음을 다스리는 것이 좋다.

(2) CD 듣기, 동영상 보기

네트워크 마케팅과 관련해 생생한 지식과 성공 노하우를 배우는 가장 좋은 방법은 성공한 선배 네트워커의 강의를 듣는 것이다. 이것은 초보 네트워커의 뜨거운 가슴을 식지 않게 해주는 가장 좋은 방법이기도 하다.

시간을 최대한 투자해 성공자들의 강의에 참석하고 틈틈이 CD를 듣거나 동영상을 보라. 차로 이동할 때, 대중교통을 이용할 때, 누군가를 기다릴 때 그리고 세미나 전후로 자투리시간이 날 때 활용하면 효과적이다. 24시간을 효율적으로 사용하는 것은 중요한 성공습관 중 하나다.

(3) 목소리 만들기

처음 만난 사람에게 신뢰를 주는 것 중 하나가 목소리다. 목소리가 맑고 투명하면 듣기도 좋고 사람도 유쾌해 보인다. 목소리가 부드럽고 차분할 경우에는 사람도 따뜻하고 분위기가 있는 것처럼 느껴진다. 그래서 네트워커는 연습을 해서라도 좋은 목소리를 내야 한다. 예를 들면 도레미파솔라시도 음계에서 '솔' 톤의 목소리가 가장 좋다.

여기에다 복식호흡으로 약간 굵게 나오는 뱃소리를 낼 경우 힘이 느껴지면서도 명쾌하게 전달된다. 실제로 뮤지컬 배우나 아나운서, 연예인은 맑고 명쾌한 목소리를 내기 위해 복식호흡을 많이 연습한다. 네트워커는 고객에게 정보뿐 아니라 꿈과 비전을 전달하는 사람이므로 힘 있는 목소리, 명쾌하고 부드러운 목소리를 내야 한다.

(4) 백만 불짜리 미소 짓기

사람을 만나 정보를 전달하는 네트워커는 특히 취급하는 제품이 주로 건강식품·화장품·생활용품이므로 건강미가 넘치는 자세, 맑은 피부, 환한 표정을 보이는 것이 필수다. 그 중에서도 첫인상을 좌우하는 가장 큰 요소는 얼굴에 나타난 미소다. 잘생기든 못생기든, 예쁘든 그렇지 않든 미소는 생김새와 상관없이 그 사람에게 매력을 더해준다.

또한 미소는 상대에게 빠른 시간 내에 신뢰감을 준다. 어쩌면 그래서 "미소는 신이 인간에게 준 최고의 화장품"이라는 말이 있는 것인지도 모른다. 심지어 험상궂게 생긴 사람도 따뜻한 미소를 지으면 친절한 옆집 아저씨 같은 느낌이 든다. 서비스업 종사자가 미소 짓기를 전문적으로 배우는 이유가 여기에 있다.

네트워커는 회사의 모델이자 1인 사업가다. 그러므로 그 어떤 직업인보다 더 많이 미소를 지어야 한다. 집, 거리, 차 안, 사무실, 커피숍 등 어디에서든 의도적으로 미소를 지어보라. 심지어 잠들기 전에도 미소 짓는 습관을 들이면 표정이 확 살아난다.

(5) 정장 입기

옷차림은 네트워커의 열정과 자신감을 외부로 표출해주는 요소다. 특히 깔끔하게 정장을 입으면 스스로도 당당해지고 상대의 반응도 대체로 긍정적이다. 그러므로 계절별로 어울리는 정장에다 그에 적합한 액세서리(브로치, 넥타이, 스카프)로 자신감을 연출하는 것이 좋다. 단, 너무 화려하거나 비싼 명품이 아니어야 한다. 그것은 오히려 상대에게 위압감을 주거나 불쾌감을 조성할 수 있기 때문이다.

겉모습만 화려하면 네트워크 마케팅 정보를 순수하게 전달하려는 의도가 퇴색되고 만다. 누가 봐도 무난한 정도의 비즈니스 정장을 입어 상대가 '멋진 일을 하는 비즈니스 맨(우먼)'으로 느끼도록 해야 한다.

일부 네트워커는 "네트워크 마케팅은 1인 사업이자 자유사업인데 굳이 정장을 차려입어야 하느냐?"고 의문을 보이지만 주위에 고급 비즈니스를 하는 사람들을 보면 정장의 중요성을 알 수 있을 것이다. 소수의 CEO와 벤처기업을 운영하는 사람을 제외하면 대부분의 비즈니스맨이 깔끔하고 세련된 정장을 입는다. 세계 공통적으로 정장을 예의를 갖춘 복장으로 인식하기 때문이다.

더구나 네트워크 마케팅은 미래 비전과 성공 메시지를 전달하는 비즈니스이므로 거기에 어울리는 복장을 갖추는 것이 옳다. 복장은 비즈니스는 물론 사람에게도 신뢰감을 더해 준다. 그래서 일을 잘하는 사람은 옷을 잘 입는다. 한마디로 옷을 잘 입는 것은 하나의 성공 전략이다.

3. / 셀프리더 **3단계:**
명단 만들기

셀프리더 1~2단계는 초보 네트워커가 고객을 만나기 전 개인적으로 갖춰야 할 성공습관이다. 셀프리더 3단계는 성공습관을 바탕으로 실전에 뛰어들어 팀을 만드는 방법이다. 팀을 만들 때 가장 먼저 해야 할 일은 명단작성이다.

네트워크 마케팅에서 명단작성은 일반적인 일에서 사업계획서를 작성하는 것과 같다. 건물을 짓는 것에 비유한다면 설계도에 해당한다. 사업계획서나 설계도 없이 일을 시작할 수 없듯 네트워크 마케팅에서 명단을 작성하지 않고 비즈니스를 시작하는 것은 무모한 일이다.

1) 명단 작성하기

명단을 작성하는 방법은 회사, 그룹, 스폰서마다 다양한데 여기서는 내가 지난 30년 동안 각 회사와 그룹에서 개인 · 그룹을 가장 성공적으로 이끈 방법을 소개한다.

그럼 여기 김사랑이라는 초보 네트워커가 있다고 해보자. 명단은 김사랑을 기준으로 A, B, C로 분류해서 정리한다. A그룹은 김사랑보다 성공한 사람, 전문가, 어른, 선배의 명단이다. B그룹은 김사랑과 친분이 두텁고 자주 만나는 가족, 친척, 친구, 동료, 이웃 등의 명단이다. C그룹은 김사랑이 처음 만난 사람, A와 B에 속하는 사람 중 김사랑을 100퍼센트 믿는 사람이다. 명단을 이렇게 정리하는 이유는 팀을 가장 빠르고 쉽고 단단하게 만들기 위해서다.

본인	관계	분류	내용
김사랑	<	A	성공자, 전문가, 어른, 선배 등
김사랑	=	B	가족, 친척, 친구, 동료, 이웃 등
김사랑	>	C	처음 만난 사람, 100퍼센트 믿어주는 사람

초보 네트워커는 보통 팀을 구성할 때 가까운 사람에게 먼저 정보를 주고 함께하려는 경향이 있다. 일반적으로 스폰서도 그렇게 생각한다. 물론 초보 네트워커가 그동안 주위 사람들에게 두터운 신뢰를 받았다면 상관없지만 그렇지 않을 경우 가까운 가족, 친척, 친구, 동료, 이웃 등에게 섣불리 정

보를 전달하거나 회원가입을 권유하면 오히려 실패할 가능성이 크다.

김사랑 역시 위 분류대로 명단을 작성하지 않고 먼저 가까운 가족이나 친구, 친척 등에게 정보를 전달하면 초기에 엄청난 시련을 겪을 확률이 높다. 어쩌면 이런 부정적인 말이나 충고 심지어 모욕적인 말을 들을지도 모른다.

"하필이면 왜 이런 걸 하는 거야?"
"어쩌다가 이렇게 됐니?"
"제품은 사줄 테니 나한테 사업을 하라고 하지는 마라."
"성실하게 일해서 돈을 벌어야지 이렇게 살면 되겠느냐!"

이렇게 몇 번 거절당하고 나면 자신감과 열정이 떨어져 웬만한 강심장이 아니면 좌절할 수밖에 없다. 그래서 전략적으로 명단을 작성해야 한다. 무작정 사람을 만나 열정적으로 전달하는 것이 능사가 아니기 때문이다.

또한 가까운 사람이지만 이미 성공한 사람, 전문가, 어른, 선배 같이 사회생활이나 인생에서 달인 수준에 이른 사람에게 준비 없이 다가가는 것도 무모한 짓이다.

'성공한 사람이니 인맥도 많고 정보만 제대로 전달하면 관심을 보이겠지?'
'나보다 전문가니 정보를 더 많이 알아보면 비전을 볼 거야!'

'그 선배는 리더십도 뛰어나고 주위에 사람이 많으니 나를 적극 도와줄 거야!'

이처럼 가까운 사이라는 이유만으로 정보에 관심을 보이거나 도움을 줄 거라는 착각을 했다가는 낭패를 볼 수 있다. 설령 인간적으로 친할지라도 A그룹에 속하는 사람은 사회와 인생을 바라보는 시각이 일반인과 많이 다르다. 치열한 경쟁을 극복하고 성공하거나 전문가가 된 사람들은 그만큼 보통 사람과는 다른 면모를 보인다.

그러므로 명단을 작성할 때는 신중할 필요가 있다. 명단을 어떻게 작성하느냐에 따라 김사랑의 조직이 커질 수도 있고 초라하게 끝날 수도 있기 때문이다.

이제 명단을 A, B, C로 분류해 작성한 뒤 팀을 구성하는 구체적인 방법을 알아보자.

2) 전화로 약속하기

김사랑이 가장 먼저 해야 할 일은 C그룹을 만나는 것이다. 물론 C그룹에도 부정적 반응을 보이는 사람이 있겠지만 가까운 사람(가족, 친척, 친구, 동료, 이웃)들이 보이는 부정적 반응에 비하면 아무것도 아니다. 더구나 처음 만난 사이이므로 혹시 반응이 좋지 않아도 가벼운 마음으로 돌아서서 다른 사람을 찾으면 그만이다.

(1) C그룹과 전화로 약속하기

C그룹에 속하는 예상고객은 '**전화 약속 → 사업설명(Show the Plan) →초대**' 순서로 진행한다. 전화 약속은 짧게 3~5분 통화하면서 궁금증만 유발한다. 이때 주요 내용은 최근 변화한 자신의 모습을 자랑하고 방법을 알려주고 싶다면서 정확한 약속 장소와 시간을 정해 권한다. 끝으로 긍정적인 말로 질문을 유도한다.

구체적으로 예를 들면 다음과 같다.

📞 `제품`: "제가 최근 2개월 사이 다이어트로 8킬로그램을 감량한 덕분에 건강이 엄청 좋아졌습니다. 요요현상도 전혀 없고 예전보다 훨씬 더 활력 넘치는 생활을 하고 있습니다. 만나서 직접 그 비결을 알려드리고 싶은데 이번 주 목요일 오후 1시에 사무실 근처 커피숍에서 뵙고 말씀드리겠습니다. 괜찮으시죠?"

📞 `부업`: "제가 최근 뷰티 관련 부업을 시작했는데 일주일에 3일, 하루 2시간 정도 투자한 결과 단골고객이 20명 생겼고 돈도 꽤 벌었습니다. 저처럼 부업으로 월 200만 원 정도 버는 일의 정보를 드리고 싶은데 이번 주 금요일 저녁 7시에 뵙고 말씀드리겠습니다. 괜찮으시죠?"

📞 `사업`: "제가 한 달 전 새로 시작한 사업이 있는데 사회적

가치를 창출하고 어려운 이웃을 도우면서 자기계발도 가능한 멋진 일입니다. 제가 이토록 아름답고 의미 있는 일을 찾아낸 것이 정말 기쁘고 행복해요. 만나서 자세히 알려드리고 싶은데 이번 주 토요일 오후 1시에 사무실로 찾아뵙겠습니다. 괜찮으시죠?"

약간 일방적인 통화 내용으로 보일지도 모르지만 이것은 상대방이 짧은 시간 내에 긍정적 답을 하도록 유도하는 좋은 방법이다. 이때 상대방은 다음 반응을 보인다.

"일단 전화로 간단하게 말씀해주시죠."
"음, 이번 주에는 제가 시간을 낼 수 없습니다."
"글쎄요, 저는 새로운 일에 관심이 없습니다."

이러한 반응에 전혀 당황할 필요가 없다. 아예 마음속으로 '그래, 그렇게 대답할 줄 알았어' 하는 생각으로 자연스럽게 그다음 얘기를 하면 된다.

제품: "제가 직접 보여드려야 하는 것이라 전화로 얘기하기가 곤란합니다. 아주 중요한 일이라서 만나 뵙고 말씀드리려고 하는 것이지요. 짧으면 10분, 길어도 30분 정도면 됩니다. 제가 목요일 오후 1시에 사무실 앞 커피숍으로 가겠습니다."

이렇게 미팅 시간이 짧다는 것을 강조할 경우 상대는 마음의 부담을 덜어낸다. 이때 다시 시간과 장소를 정확히 얘기하면 예의가 있는 사람은 대개 "네, 그럼 목요일에 오시죠. 잠깐 시간을 내겠습니다"라고 가볍게 허락한다.

📞 **부업**: "아, 이번 주에는 바쁘군요. 그럼 다음 주 화요일과 목요일에 제가 시간을 낼 수 있는데 선생님은 어떤 요일이 좋은가요?"

다음 주에 여유 있는 요일을 두 가지로 정해 상대가 선택하게 한다. "그럼 언제 시간이 괜찮으세요?" 혹은 "그럼 다음 주 시간이 괜찮을 때 제가 찾아뵙겠습니다. 언제가 좋으세요?"라며 선택을 고객에게 넘기는 것은 좋지 않다. 이렇게 물으면 돌아오는 대답은 "그럼 다음 주 시간이 날 때 전화할게요" 하는 모호한 말뿐이다.

사람은 심리적으로 몇 가지 중에서 고를 때는 거기에 집중하지만 선택의 여지가 있을 때는 그냥 미루는 경향이 있다. 그러므로 네트워커는 콕 집어 선택하게 하는 방법을 배워야 한다.

더구나 고객의 시간에 맞춰주려고 하면 고객을 '갑'으로 인식해 어떤 결정이든 따라야 하는 상황으로 변하고 만다. 고객을 만나는 것은 무척 중요한 일이지만 고객에게 부탁하거나 구걸하는 것이 아니므로 네트워커가 주도해서 선택을

유도하는 것이 좋다. 네트워커가 **두 가지를 제시**하면 상대는
둘 중 하나를 선택할 것이다.

📞 **사업:** "새로운 일에 관심이 없군요. 그러면 선생님 주위에
서 새로운 일에 관심이 있는 분을 제게 소개해주세요. 아마
그분은 다른 어떤 일보다 제가 하고 있는 일에서 큰 비전을
볼 겁니다. 우선 선생님께 간단하게나마 설명해야 소개도 받
을 수 있을 테니 차 한 잔 하러 토요일 오후 1시에 사무실로
찾아가겠습니다."

거절은 또 하나의 기회가 된다. 거절한다는 것은 뭔가 마음
에 들지 않거나, 부족하거나, 필요가 없다는 의미다. 이때 마
음에 들도록, 채워지도록, 필요하다는 것을 느끼도록 노력하
고 시도하면 해결된다. 중요한 것은 전화로 약속을 많이 할
수록 통화하는 요령이 생기고 긍정적으로 유도하는 방법도
점점 발전한다는 점이다. 네트워커는 전화로 약속하는 일을
시도하면서 긍정적인 사람, 적극적인 사람, 열정적인 사람을
찾아낼 수 있다.

(2) 약속 후 준비하기

전화로 약속한 다음 미팅하기 전에 몇 가지 준비할 것이 있다.
첫 번째는 설명에 필요한 **자료, 명함, 메모지, 펜, 봉투**다.
설명에 필요한 자료는 일반적으로 PPT 자료가 담긴 노트

북, 스마트폰 또는 클리어파일이다. 이것은 회사에서 나온 객관적인 자료를 중심으로 20~30분 동안 설명할 분량으로 정리한다. 처음 만나는 사람에게 설명할 때는 그 정도 시간이 적당하다.

명함, 메모지, 펜, 봉투는 자신의 이름과 전화번호가 들어간 것이 좋다. 이왕이면 회사나 그룹에서 만든 공식 자료를 준비하는 것이 좋지만 그럴 형편이 아니라면 직접 만들어도 괜찮다. 당신은 1인 사업가이므로 이 정도 투자는 기본이다.

네트워커가 회사 로고와 이름을 새긴 펜이나 메모지를 사용하면 훨씬 더 신뢰를 받는다. 또한 회원가입 서류, 팸플릿, 리플렛 같은 자료를 회사 로고·이름·전화번호가 적힌 봉투에서 꺼내면 역시 전문성이 있다고 느낀다.

두 번째는 **비즈니스용 가방**이다.

많은 네트워커가 가장 소홀히 다루는 것이 가방이다. 지금까지 '이것저것 편하게 넣을 수 있는 가방이면 되겠지'라고 생각했다면 이제라도 바꿔야 한다. 네트워크 마케팅은 복제 사업이므로 뭐든 상대가 나중에 사업파트너가 될지도 모른다는 것을 염두에 두고 보여주어야 한다.

가방은 날씬할수록 좋다. 전화 약속으로 예약한 미팅이라 몇 명을 만날지, 누구에게 제품을 전달할지 알 수 있으므로 미리 가방 부피를 조절할 필요가 있다. 고객과 만날 때는 가방 부피가 최대한 간편해 보일수록 좋다. 심지어 어떤 네트워커는 가방 없이 스마트폰 하나만 들고 다니며 설명과 미팅을 하는데 이 정도면 완전한 프로라고 할 수 있다.

초보 네트워커는 간편하고 세련된 가방으로 프리랜서 전문가처럼 보이는 것이 좋다. 가방 안에는 회사나 그룹 로고와 연락처를 새긴 서류봉투, 펜, 메모지, 사업설명 파일, 휴대 가능한 제품 몇 가지, 책(성공 혹은 네트워크 마케팅 관련 서적)처럼 꼭 필요한 것만 넣어 갖고 다닌다. 가방에서 자료를 꺼낼 때마다 뒤적이지 않고 필요한 것을 착착 꺼내는 모습도 고객에게 세련된 전문가의 이미지를 남긴다.

세 번째는 **효율적인 약속 장소**다.

고객과의 첫 만남에서는 짧은 시간 동안 집중할 수 있는 곳이 필요하다. 만약 미리 알아보지 않고 고객을 만나러 갔다가 자리가 없거나 주변이 시끄러워 집중하기 곤란한 공간이면 미팅은 실패할 가능성이 크다.

초보 네트워커가 배워야 할 것 중 하나가 **예약 매너**다. 호텔처럼 큰 공간이 아니어도 '아무 때나 가면 되겠지' 하는 인식을 버리고 예약을 습관화해야 한다. 예약과 상관없는 장소도 평소 가게주인이나 직원과 자주 접하면서 미리 귀띔을 해두면 원하는 자리를 확보해주기도 한다.

자리 배치 역시 중요하다. 커피숍에서 1대1로 만날 경우 네트워커는 문을 바라보는 쪽으로 앉고 고객은 실내를 바라보는 쪽으로 앉게 한다. 문을 바라보는 쪽은 사람들이 출입하는 모습이 많이 보여 집중력이 떨어지기 때문이다. 설명하는 네트워커는 오히려 설명에 집중하면 되므로 큰 지장이 없다.

창가에 앉을 경우 창문을 옆에 두고 마주보는 자리는 상관없지만 창문을 등지고 앉을 경우에는 고객이 그 자리에 앉게한다. 즉, 고객이 창을 등지게 하고 네트워커는 창문을 바라보는 쪽으로 앉는다. 창밖 경치와 빛이 고객의 집중력을 떨어뜨리지 않게 하기 위해서다. 네트워커는 역시 고객만 바라보며 설명하면 되니 상관없다.

마찬가지로 고객이 2명 이상일 경우에도 좌석을 이렇게 배치한다.

4. / 셀프리더 **4단계:**
미팅(쇼더플랜)**하기**

전화로 약속한 후 미팅을 하는 것은 마치 상견례처럼 떨리고 긴장되는 일이다. 상대가 어떻게 인식할지 무척 걱정스럽기도 하다. 하지만 이미 약속한 일이므로 두려움을 떨쳐내고 자신감 있게 임해야 한다.

제품을 알리고 싶은 네트워커는 미팅에 앞서 체험사례 시나리오를 작성해서 연습한다. 부업이나 사업을 알리고 싶은 네트워커는 인생 전환점(Turning Point) 시나리오를 작성해서 연습한다.

1) 소비자 미팅

소비자 미팅에서 가장 효과적인 방법은 제품 체험사례 전달이다. 특히 누구나 관심을 보이는 건강과 미용 관련 내용은 공감대를 빨리 형성해 미팅이 수월해진다. 제대로 전달될 경우 입소문 위력으로 소비자 조직이 급속도로 늘어날 수 있다.

소비자에게는 제대로 전달하고 소비자 중 잠재사업자에게는 복제를 염두에 두어야 하므로 생각나는 대로 얘기하기보다 시나리오를 작성해 정리한 내용으로 전달하는 것이 좋다.

체험사례 시나리오는 다음 순서로 작성한다.

- 사는 곳/활동 지역
- 과거의 몸 상태(구체적으로)
- 병원이나 치료기관에서 치료한 결과
- 소개받은 제품
- 사용기간, 제품 사용으로 변화한 내용
- 앞으로의 활동 계획

쉽게 말해 과거(Before)와 현재(After)를 비교해서 설명하는 시나리오다. 시간은 3분이 적당하며 길어도 5분을 넘지 않는 것이 바람직하다.

💛 💛 💛 제품 체험사례 시나리오 💛 💛 💛

• 사는 곳/활동 지역

"안녕하세요. 저는 서울 종암동에 살고 있는 김사랑입니다."

• 과거의 몸 상태

"저는 태어날 때부터 아토피 증상이 있었고 초등학생 때 심해지더니 중학생 때부터는 학교생활을 거의 하지 못할 정도로 심했습니다. 매주 종합병원과 피부과를 오가며 치료를 받았지만 크게 개선되지 않았고 겨우 생활하는 데 지장이 없을 정도였습니다. 그런데 대학을 졸업하고 직장생활을 하면서 과중한 업무와 스트레스로 아토피 증상에다 체중까지 불어나 72킬로그램까지 갔습니다."

• 병원이나 치료기관에서 치료한 결과

"종합병원 피부과를 매주 다니면서 다이어트를 위해 헬스클럽과 각종 다이어트 제품을 섭취했는데 일시적으로 좋아졌다가 급격한 요요현상으로 매번 실패를 했습니다. 그 때문에 우울증과 원형 탈모까지 나타나면서 결국 회사를 그만두었지요."

• 소개받은 제품

"그처럼 힘들게 지내고 있을 때 박성실 사장님께 OO회사의 OO제품을 소개받았습니다. 그리고 회사에서 주최하는 다이어트 아카데미에도 참가했습니다."

- **사용기간, 제품 사용으로 변화한 내용**

"늘 실패를 해왔기에 반신반의하며 참가했는데 2개월 후 제게 기적 같은 일이 벌어졌습니다. 체중이 16킬로그램이나 줄어들었고 평생 고생해온 아토피 증상도 거의 사라져 피부가 맑고 투명해졌지요. 더 중요한 건 지금까지 요요현상이 일어나지 않는다는 것입니다."

- **앞으로의 활동 계획**

"이 기적 같은 체험으로 OO회사에 관심을 갖게 되었는데 세미나에 참석한 후 더욱 놀랐습니다. 좋은 회사에서 좋은 제품으로 사회를 아름답게 만들어가고 있다는 것을 안 저는 적극 사업을 하기로 결단했습니다. 지금은 전국을 뛰어다니며 네트워커로 활동하고 있지요."

체험사례 시나리오를 작성할 때는 객관적이고 사실적인 내용으로 듣는 사람이 상식선에서 충분히 이해가 가도록 해야 한다. 가능하면 자료나 사진을 준비하는 것도 좋다. 예를 들어 제품 체험 전에 병원이나 치료기관에서 받은 진단서, 결과 자료, 다이어트 전 기록을 비롯해 제품 체험 후 변화한 결과를 보여주는 기록과 사진 등이 있다.

2) 부업, 네트워커 미팅

부업이나 사업 정보를 전달하는 미팅에서 공감대를 형성하는 가장 효과적인 방법은 인생 전환점 시나리오를 작성해서 활용하는 것이다. 인생 전환점 작성은 다음 순서로 한다.

- 사는 곳/활동 지역
- 전직/과거
- 당시의 꿈
- 장애요인
- 네트워크 마케팅을 만난 계기
- 변화한 것
- 새로운 꿈
- 단기목표

💜 💜 💜 **인생 전환점 시나리오** 💜 💜 💜

- **사는 곳/활동 지역**
"안녕하세요. 저는 서울 종암동에 살고 있는 김사랑입니다."

- **전직/과거**
"저는 지난 12년간 종로에 있는 ○○은행에서 은행원으로 직장생활을 했습니다."

meeting 인생 전환점 시나리오

• 당시의 꿈

"당시 제 꿈은 여성 은행원으로서 최단기로 승진해 지점장까지 오르는 것이었습니다."

• 장애요인

"그래서 다른 직원보다 30분 먼저 출근했고 30분 늦게 퇴근하면서 성실하게 일했지요. 덕분에 연말 행사에서 10년 연속 최우수직원에 뽑혀 포상으로 해외여행도 다녀왔습니다. 하지만 작년에 갑작스런 은행 합병과 임직원 구조조정으로 경력이 긴 제게 명예퇴직 권고가 들어왔습니다. 어쩔 수 없이 눈물을 머금고 퇴직한 후 하루하루를 무의미하게 지내고 있었습니다."

• 네트워크 마케팅을 만난 계기

"그렇게 무료한 나날을 보내고 있을 때 친자매처럼 지내던 직장 후배 박성실 씨에게 네트워크 마케팅 정보를 전달받았습니다. 평소 누구보다 성실하고 신용을 생명처럼 여기던 후배였기에 정보를 소중하게 듣고 사업설명회에 참석했지요. 사업설명회를 들으면서 퇴직이 없고 경험과 지식이 필요 없으며 생존경쟁 없이 오히려 다른 사람들을 도와주면 나도 성공하는 진정한 일이라는 것에 매력을 느꼈습니다. 세미나가 끝난 후 후배에게 더 구체적인 정보를 듣고 곧바로 회원등록을 한 뒤 제품을 구입해 사용했습니다."

• 변화한 것

"네트워크 마케팅을 시작한 뒤 제게 엄청난 변화가 일어났습니다. 과거 아토피와 과체중으로 스트레스와 탈모 현상까지 있었는데 건강한 다이어트 시스템으로 요요 없이 16킬로그램을 감량했고 아토피 증상도 깨끗이 사라졌습니다. 또 매일 좋은 강의를 듣고 좋은 사람들을 만나다 보니 하루하루가 행복합니다. 이 사업에서 만난 사람들은 치열한 경쟁에서 살아남기 위해 애쓰던 과거의 사람들과는 완전 딴판이었습니다. 미래를 두려워하기보다 희망을, 노후를 걱정하기보다 행복을 꿈꾸는 지금의 생활이 마치 기적처럼 느껴집니다."

• 새로운 꿈

"덕분에 제게는 새로운 꿈이 생겼습니다. 이 비즈니스에서 멋진 성공자가 되어 가족과 매년 휴양지로 여행을 다닐 겁니다. 그리고 다문화가족을 위한 장학재단을 만들어 학생들에게 마음껏 공부할 기회를 줄 것입니다."

• 단기목표

"저는 이 꿈을 이루기 위해 2023년 3월 3일까지 성공자가 될 것입니다." 💜

인생 전환점 시나리오 역시 객관적이고 사실적인 내용으로 듣는 사람이 상식선에서 충분히 이해할 수 있도록 작성해야 한다. 특히 정확한 숫자가 많이 들어갈수록 좋다. 숫자를 많이 쓸수록 고객이 정확하고 구체적인 상상을 하기 때문이다.

예를 들어 '서울에 있는 은행에서 오랫동안 근무했습니다' 보다는 "저는 지난 12년간 종로에 있는 OO은행에서 은행원으로 직장생활을 했습니다"가 훨씬 정확하고 구체적인 표현이다.

제품 체험사례 시나리오와 인생 전환점 시나리오는 전화로 약속한 고객과의 만남에서 공감대를 형성할 때뿐 아니라 팀 미팅, 그룹 미팅, 핀 승급식에서 스피치를 할 때도 꼭 필요한 내용이다.

3) 쇼더플랜 방법

제품 설명이 필요한 잠재고객에게는 '**제품 체험사례 → 객관적인 제품 설명 → 데몬(시연, 시음 등) → 제품 구매(또는 회원가입) 권유**' 순서로 진행한다. 이때 잠재고객에게 제품을 판매하려 한다는 느낌이 아니라 건강과 아름다움에 좋은 제품을 저렴하게 구입할 기회를 준다는 느낌이 전해지도록 최선을 다한다. 즉, 잠재고객이 현명한 소비를 하는 데 도움을 주는 컨설턴트라는 입장에서 설명해야 한다.

주의할 것은 타사 제품과 품질이나 가격을 비교하면서 은

근히 타사를 비방하는 투의 말을 하지 않아야 한다는 점이다. 마찬가지로 시중에 나와 있는 제품과 비교하는 것도 조심해야 한다. 요즘 소비자들은 지혜로워서 인터넷으로 정보를 금세 알아본다. 과대광고나 홍보, 입증되지 않은 내용을 말했다가는 오히려 신뢰를 잃어버릴 수 있으니 정확한 정보를 전달해야 한다.

아는 내용만 성심성의껏 전달하자.

네트워크 마케팅은 구전(口傳)마케팅, 즉 입소문으로 전달되고 확장해가는 비즈니스다. 그러므로 말을 조심하는 한편 잘해야 하고 제대로 해야 한다. 제대로 전달한 말은 멋진 성과로 돌아오지만 그렇지 않은 말은 사람을 곁에서 떠나가게 만든다.

부업이나 사업에 관심이 있는 고객에게는 **'인생 전환점 스피치 → 사업설명 → 회원가입(또는 제품 구매) 권유'** 순서로 진행한다.

인생 전환점을 이야기하면서 공감대를 형성해 분위기가 부드러워지면 곧바로 회사, 제품, 보상플랜, 비전 내용을 간단명료하게 설명한다. 사업설명은 10~15분 정도로 간단히 진행한다. 그리고 질문을 해서 고객이 관심을 보이는 내용을 중심으로 구체적으로 설명한다.

가능하면 고객에게 전체 내용을 빨리 파악할 기회를 주고, 설명이 끝난 뒤 질문과 대답으로 좀 더 구체적인 대화를 나누며 미팅을 이어가는 것이 현명한 방법이다. 그러면 서로에게 유익하고 즐거운 시간이 될 수 있다.

5. 셀프리더 **5단계:** 초대하기

네트워크 마케팅에서 가장 긴장되고 설레는 순간은 고객을 사업설명회나 상품설명회에 초대할 때다. 여기에서 고객이란 소비자, 잠재부업자, 잠재사업자를 말한다. 전화로 약속한 후 미팅을 하며 고객 상황을 파악하고 고객이 긍정적 반응을 보이면 적극 초대한다.

이 과정을 올바르게 제대로 배우면 네트워크 마케팅을 재미있고 즐겁게 할 수 있지만 그렇지 않으면 엄청 힘들게 일할 것이다. 그러니 다음 순서대로 하나하나 실천하기 바란다.

1) 초대 약속

고객을 초대할 때 가장 신경 써야 하는 것은 고객에게 기대감을 주는 일이다. 건강과 아름다움, 새로운 기회, 그 밖에 무언가에 기대감을 갖게 하면 초대는 의미와 가치를 지니게 된다. 예를 들어 몇 년의 도전 끝에 취업에 성공한 신입사원이 출근 날을 손꼽아 고대하듯 그런 기대감을 주어야 한다.

네트워크 마케팅은 사람들에게 기대와 설렘을 주는 비즈니스다. 사람들을 새로운 세상, 성공, 행복으로 초대하기 때문이다. 고객을 초대하는 당신도 설렘과 기대감에 부풀어야 한다.

초대 약속은 개인 미팅 후 긍정적 반응을 보이는 고객을 사업설명회(상품설명회)에 적극 초대하는 과정을 말한다. 그 핵심은 강사(스폰서)를 최대한 홍보하는 데 있다. 즉, 개인 미팅에서 전달받은 내용보다 더 구체적이고 전문적인 것을 배울 기회라는 기대와 궁금증을 갖게 해야 한다.

이때 말은 짧고 정중하면서도 명쾌하게 하는 것이 좋다. 말이 많아질수록 설득하고 구걸하는 듯한 느낌을 줄 수 있기 때문이다. 다음은 몇 가지 예시다.

"사업설명회에 참석하면 회사가 얼마나 건실하고 대단한지 명확히 알 수 있을 것입니다. 제가 알려드린 내용은 극히 일부분일 뿐입니다. 센터에는 훌륭한 전문가와 강사가 많이 있으니 선생님께 유익한 시간이 될 겁니다."

"상품설명회에 참석하면 아마 깜짝 놀랄 겁니다. 어디에서도 쉽게 들을 수 없는 유명한 미용 전문 강사의 특별한 노하우를 직접 듣고, 보고, 배울 수 있는 소중한 시간이니까요. 처음에 그 강의를 듣고 굉장히 흥분했던 기억이 저는 아직도 생생합니다."

"지금까지 제가 건강과 관련해 들은 그 어떤 강의보다 과학적이
고 전문적인 내용입니다. 그 강의를 들은 뒤 저는 아무거나 먹지 않
고, 아무 때나 먹지 않습니다. 그래서 이렇게 건강해진 것입니다. 아
마 선생님도 상당히 유익한 시간이었다는 생각을 할 겁니다."

"사업설명회에 참석한 것은 제게 인생의 전환점이었습니다. 강
사님의 강의를 들으며 소극적이고 수동적이던 제 생각이 완전히
바뀌었거든요. 그날 이후 저는 열심히 도전해 지금의 멋진 삶을 이
뤄냈습니다. 아마 선생님에게도 멋진 인생의 전환점이 되어줄 것
입니다."

이같이 자신이 설명회에 참석한 후 느낀 감동과 변화한 점
을 곁들여 설명회의 가치와 중요성을 알려주면서 초대 약속
을 한다. 즉, 억지로 초대하는 느낌이나 설득하려는 의도 없
이 오로지 설명회에서 유익한 정보와 기회를 얻을 수 있음을
강조하는 것이다.

2) 초대 매너

네트워크 마케팅은 사람들에게 미래를 선물해주는 고급
비즈니스다. 구체적으로 말해 이 사업은 건강해질 미래, 아

름다워질 미래, 부자가 될 미래, 리더로 성장할 미래를 위한 고급 정보를 전달하는 비즈니스다.

당연히 초대할 때는 고급스런 매너가 필요하다. 고급 레스토랑이나 호텔, 항공기 회사 직원이 특별한 전문성과 서비스 정신으로 고객을 매너 있게 대하듯 최첨단 비즈니스를 하는 네트워커도 고급 매너를 갖춰야 한다.

첫째, 고객과 만나기 전날 약속을 확인한다. 또 약속 당일 다른 변수가 없는지 다시 체크한다.

"김믿음 선생님, 내일 2시에 뵙기로 약속했는데 특별히 다른 변동이 없으면 2시에 뵙겠습니다."

"김믿음 선생님, 오늘 2시에 뵙기로 했는데 출발했는지요? 혹시 어떤 교통수단으로 이동하는지 여쭤 봐도 될까요?"

이처럼 긍정적인 언어나 정중한 말로 약속을 지키도록 대화를 주도하며 이끌어간다.

둘째, 사업설명회(상품설명회) 장소에 도착하기 1시간에서 30분 전에 다시 확인 전화를 한다.

"김믿음 선생님, 어디쯤 오고 계신가요? 혹시 장소를 찾는데 어려움이 없는지요? 도착하면 전화를 주십시오. 1층 로비에서 뵙겠습니다."

안전하게 도착하기를 바라는 마음을 담아 통화하되 도착하면 즉시 나가겠다는 말로 신속성과 정확함을 느끼게 해준다.

셋째, 고객이 도착하기 3~5분 전 도착 장소에 먼저 나와 있다가 고객이 도착하면 다가가서 환한 미소로 맞이한다. 이어 설명회장 입구에서 친절하게 안내한다. 방명록 기록이나 입장권 수령 등을 할 때는 약간 앞쪽 혹은 옆에서 도움을 주며 안내를 한다.

"김믿음 선생님, 오늘 귀한 자리에 오신 것을 환영합니다. 먼저 이곳에 성함을 적으면 됩니다. 펜은 여기 있습니다. 입장 시 필요한 입장권도 여기에서 수령하면 됩니다. 자, 이쪽으로 오시죠."

넷째, 설명회 장소에 입실해 예약한 자리까지 안내하고 가능하면 당신의 스폰서와 인사를 나누게 한다.

"김믿음 선생님, 이 자리가 선생님을 위해 예약한 자리입니다. 편하게 앉으시지요. 혹시 괜찮으면 제게 소중한 정보와 인생을 바꿀 기회를 준 제 스폰서를 소개하고 싶은데 어떠신지요?"

이처럼 친절하게 안내하면 사람들은 대부분 흔쾌히 받아들인다. 설명회 전에 함께 일하는 사람들의 환한 미소와 친절함을 가능하면 많이 보여줄수록 좋다.

다섯째, 설명회 시작 전 준비한 필기도구를 고객에게 전달하고 옆자리나 뒷자리에 앉는다. 낯선 장소에 초대받은 고객이 편안한 마음으로 집중해서 경청하도록 환경을 만들어주는 것이다.

> "김믿음 선생님, 강의에 중요한 내용이 꽤 많이 나옵니다. 비즈니스뿐 아니라 살아가는 데 꼭 필요한 유익한 정보니 틈틈이 필기를 하면 나중에 많은 도움을 받을 것입니다."

이 작은 배려가 모여 좋은 매너가 되고 그것은 상대방을 유쾌하고 즐겁게 만든다. 동시에 당신은 세련되고 배려심이 많은 비즈니스 전문가로 인정을 받는다.

안타깝게도 많은 네트워커가 이 점을 제대로 알지 못하고 있다. 설령 알지라도 매너를 지키려고 굳이 애쓰지 않는다. 시스템과 문화의 복제 위력이 얼마나 큰지 모르기 때문이다.

5.

셀프리더 **6단계:**
강사되기

네트워크 마케팅에서 셀프리더의 열매는 강사가 되는 것이다. 정보를 전달하는 이 비즈니스의 속성상 객관적·사실적인 내용을 정확히 전달하는 능력이 있으면 남보다 성공할 확률이 높기 때문이다.

여기에다 열정과 확신을 더한 강의를 하면 성공 확률은 더더욱 높아진다. 그래서 내가 30년간 네트워크 마케팅 교육과 컨설팅을 담당하며 가장 중요하게 여기고 심혈을 기울여온 것이 '강사 트레이닝' 과정이다.

강사가 되기 위해서는 먼저 무대에 서는 연습을 해야 한다. 무대에 자주 서는 가장 빠른 방법은 호스트(사회자)가 되는 것이다. 호스트는 많은 시간 동안 강의를 하는 강사처럼 큰 부담이 없고 필요하면 준비한 자료를 보고 진행해도 되므로 경험을 쌓기에 좋은 기회다.

1) 호스트의 역할과 방법

호스트는 설명회나 미팅의 전체 흐름을 이끌어가는 네트워커다. 호스트의 역할에 따라 설명회와 미팅이 재밌고 유익할 수도 있고 지루하고 따분할 수도 있다. 그래서 호스트 역할을 하는 것에도 연습과 훈련이 필요하다.

그럼 호스트가 해야 할 몇 가지 중요한 역할을 살펴보자.

우선 설명회나 미팅을 유쾌한 분위기로 유도한다. 설명회를 산뜻하게 시작하려면 환한 미소를 지으며 '솔' 톤의 목소리로 말한다. 호스트 자신을 소개하는 첫인사가 시작의 흐름을 좌우하기도 하므로 밝고 활기차게 인사한다.

"안녕하십니까. 사업설명회(상품설명회)에 참석한 여러분을 진심으로 환영합니다. 저는 오늘 호스트를 맡은 열정 네트워커 박열정입니다."

그다음으로 강의 시작 전에 고객이 편하고 기분 좋게 받아들이도록 주의사항을 잘 전달한다. 자칫 잘못하면 고객이 강압적이라거나 권위적이라는 느낌을 받을 수도 있으므로 약간의 유머와 위트를 곁들여 잘 진행해야 한다.

"강의에 앞서 강사님이 전해주는 좋은 정보를 집중해서 듣기 위한 몇 가지 매너를 알려드리겠습니다. 잘 지키는 분은 명예의 전당

에 이름이 오를 것이고, 못 지키는 분은 명예의 전당을 청소하게 될
것입니다. 하하하!"

주의사항은 대개 스마트폰 소리 줄이기나 끄기, 자리 정돈,
강의 중에 이동하는 것을 자제하는 것 등 기본적인 매너다.
특히 자리를 정돈할 때 "뒤에 계신 분은 앞으로 와서 자리를
채워주세요"라며 고객을 수동적인 물건처럼 취급하는 말은
하지 않아야 한다.

이럴 때는 "뒤에 앉아 계신 VIP께서는 이 앞에 특별히 준
비한 VIP 전용 자리가 있으니 일어나 이쪽으로 오시지요" 같
이 재밌는 표현으로 기분 좋게 움직이도록 분위기를 연출하
는 것이 좋다.

또한 소개할 강사 프로필을 구체적으로 파악해 시나리오
를 작성한다. 시나리오는 다음 내용으로 구성한다.

• 강사의 첫인상이나 인간적인 매력
• 강사에게 배운 점, 영향을 받은 말이나 글
• 강사의 경력, 포상 내용
• 강사의 현재 직위, 핀 레벨, 성명

"안녕하십니까. 사업설명회(상품설명회)에 참석한 여러분을 진심으
로 환영합니다. 저는 오늘 호스트를 맡은 열정 네트워커 박열정입
니다.

이 시간 강의를 맡은 분은 아담한 키에 큰 눈이 아름다워 백설공주 같은 느낌을 주는 분입니다. 늘 따뜻한 미소로 주위 사람들을 격려하고 용기를 주어 보는 사람마다 친언니, 친누나 같다는 얘기를 하지요. 저는 이분에게 '리더는 태어나는 것이 아니라 만들어진다'는 말을 듣고 용기를 내 멋진 리더가 되겠다는 다짐을 했습니다. 아마 저분 아니라 많은 사람이 같은 용기를 얻었으리라고 봅니다.

이분은 과거 10년 동안 홈인테리어 디자이너로 활동했고 네트워크 마케팅을 만나 3년간 활발하게 활동한 결과, 지금은 10여 개국을 다니며 파트너를 후원하는 글로벌 리더가 되었습니다. 자, 전세계 사장님을 모시겠습니다!"

마지막으로 무대 중앙에서 강사에게 마이크를 건네준다. 강사가 곧바로 강의를 할 수 있는 위치에서 마이크를 건네주는 것이다. 강사가 소개를 받고 무대 중앙으로 걸어올 때까지 호스트가 기다리고 있다가 도착하면 곧바로 건네주는 것이 좋다.

간혹 강사가 무대에 오르고 있는 중이나 무대 중앙까지 오기 전에 호스트가 걸어가 건네주는 경우가 있는데 이는 강사에게 실례를 범하는 일이다. 강사한테 마이크를 건넨 후 호스트는 강사가 걸어온 반대쪽으로 내려가거나 걸어간다. 서로 부딪힘이 없도록 해야 한다. 무대 여건상 어쩔 수 없이 강사가 걸어온 곳으로 호스트가 나가야 한다면 강사에게 마이크를 건넨 후 강사 뒤쪽으로 걸어서 나간다.

호스트는 무대에서 중요한 역할을 하지만 무대 주인공은 아니다. 어디까지나 주인공은 강사이므로 강사를 돋보이게 하고 설명회 흐름이 원활하도록 도와야 한다. 가끔 행사장에서 호스트가 말을 많이 하거나 강사가 해야 할 강의 내용 중 일부를 정리해서 들려주기도 하는데 이는 기대감을 떨어뜨리는 짓이다.

호스트의 역할은 강사가 최고의 컨디션과 자신감으로 멋지게 강의를 시작하도록 강사를 소개하고 분위기를 고조하는 일이다. 절대 오버하지 말고 자신의 역할만 하고 내려와야 한다.

2) 강사의 자세

네트워크 마케팅 사업을 시작하는 데 가장 중요한 역할을 하는 것은 사업설명회다. 처음에는 대부분 개인끼리 정보를 주고받지만 실제로 판단과 결정은 회사나 그룹에서 주최하는 공식 사업설명회에 참석해 객관적인 정보와 사실 내용을 접한 후 이뤄진다.

그런 까닭에 사업설명회 강사의 역할은 중요할 수밖에 없다. 강사의 말과 행동이 회사의 모든 것을 대변하기 때문이다.

30년간 네트워크 마케팅 회사와 그룹의 교육 시스템을 만들어온 나는 직업상 가장 먼저 사업설명회 강사의 트레이닝에 집중한다. 막 창업한 회사는 처음부터 제대로 트레이닝을 하는 것이라 쉽지만 몇 년 혹은 몇십 년 된 회사나 그룹의 강사를 트레이닝하는 것은 매우 어렵다. 이미 습관화한 언어와 행동을 고쳐주어야 하기 때문이다.

네트워크 마케팅에서 강사는 대부분 전문 교육을 받고 무대에 선 사람이 아니며 선배 강사들의 강의 습관과 언어, 행동을 복제해서 강의를 한다. 이 경우 선배 강사들이 모범적이면 다행이지만 그렇지 않으면 문제가 심각해진다.

무엇보다 강사는 사업설명회의 목적과 위력을 정확히 알아야 한다. 사업설명회는 고객을 위한 강의다. 고객에게 회사, 제품, 보상플랜, 비전 내용을 객관적·사실적으로 전달해 판단하게 해야 한다. 이때 전달하는 입장과 전달받는 입장이 공감대를 많이 형성하면 판단은 쉽고 결정은 빠르게 이뤄진다. 하지만 그 반대라면 판단과 결정이 더디거나 어려워진다.

(1) 강사의 말과 행동

사업설명회에서는 강사가 신경 써서 해야 할 말과 가능한 한 사용하지 말아야 할 말이 있다. 먼저 사용하지 말아야 할 대표적인 말을 보면 다음과 같다.

- ~라고 생각하면 됩니다.
- ~라고 보면 됩니다.
- ~라고 말씀드릴 수 있습니다.
- ~라고 말씀드리고 싶습니다.

놀랍게도 "좋은 회사라고 생각하면 됩니다", "탁월한 제품이라고 보면 됩니다", "업계 최고라고 말씀드릴 수 있습니다", "성공했다고 말씀드리고 싶습니다" 같은 말이 5~10년이나 강의를 해온 베테랑 강사들의 입에서 자주 나오고 있다.

사업설명회에 참석한 고객은 아무것도 모른다. 설령 네트워크 마케팅 경험이 있어도 새로운 회사 정보를 처음 접하는 시간이다. 그들은 1시간 내외로 짧게 진행하는 사업 정보로 미래를 결정해야 한다. 그런 상황에서 고객에게 위와 같은 말을 하는 것은 적절치 않다.

사업설명을 하는 강사의 말은 간단명료해야 한다. 가령 '~입니다', '~습니다'처럼 객관적·사실적인 언어를 사용하는 것이 좋다. 좀 더 구체적으로 말하자면 '좋은 회사입니다', '탁월한 제품입니다', '업계 최고입니다', '성공했습니다' 등 확실한 언어를 써야 한다.

또한 '저희', '우리' 같은 회사나 사업자 중심의 언어도 피해야 한다. 예를 들면 "저희 회사는~", "우리 대표님은~" 등이 있다. 뭐가 문제냐고 할지도 모르지만 고객 입장에서는 '그래, 너희 회사지', '너희 대표지' 같은 반감이 생기거나 거리감을 느낄 수 있다. 그보다는 'OO회사', 'OOO대표'처럼 실명을 사용하는 것이 좋다. 강사가 고객 입장에서 객관적으로 설명해주는 느낌을 주어야 훨씬 깊은 공감대를 형성할 수 있다.

강의 중에 고객에게 질문하는 것에도 신경을 써야 한다. 질문은 공감대 형성에 큰 역할을 하지만 자칫 잘못하면 역효과가 날 수 있다. 흔히 프로 강사는 질문을 잘 사용해 집중력과 분위기를 고조한다. 그런데 초보 강사가 이를 흉내 내다가 낭패를 보는 경우가 많다. 특히 처음 초대받은 고객은 질문을 불편해하는 경우가 많으므로 주의해야 한다.

한편 무대에 선 강사는 손동작, 얼굴 표정, 목소리, 걸음걸이 등 모든 움직임이 노출되기 때문에 고객은 아주 짧은 시간 내에 강사를 평가한다. 명쾌한 목소리, 편안한 미소, 절도 있는 손동작, 세련되고 정성이 담긴 동작은 강의 내용보다 더 중요한 요소다. 강사의 인성과 열정, 자신감이 그런 행동으로 표출되기 때문이다.

말을 잘한다고 강의를 잘하는 건 아니다. 사업설명을 하는 강사의 말과 행동에 품격이 듬뿍 담겨야 명품 강의가 되는 것이다.

(2) 강사가 되는 방법

셀프리더의 꽃인 강사가 되는 방법은 단순하다. 정보를 습득, 정리, 전달하는 3단계 과정을 계속 반복하는 것이 전부다. 모든 성공의 핵심이 선택과 집중에 있듯 강사가 되는 방법에도 집중과 반복이 중요하다.

1단계는 정보 습득이다.

정보를 전달하기 위해 먼저 선배 강사들의 강의 내용과 방법을 배운다. 가장 쉽고 빠른 방법은 선배 강사들이 진행하는 사업설명회에 참석해 배우는 것이다. 최대한 많이 참석해 귀에 익숙해질 정도가 되어야 한다. 사업설명회에서는 다음 내용을 배울 수 있다.

- 다양한 선배 강사들의 강의 스타일을 익힌다.
- 사업설명회의 전체 흐름을 파악한다.
- 사업설명회의 핵심 포인트를 배운다.
- 비전 제시와 감동 전달 방법을 배운다.
- 고객의 반응을 파악한다.

2단계는 정보 정리다.

아무리 많은 정보를 듣고 배워도 제대로 정리하지 않으면 나중에 복제하는 것이 어렵고 체계적으로 전달할 수도 없다. 성공을 꿈꾸는 네트워커라면 또는 명강사가 되고자 한다면 정보 정리에 시간과 노력을 들여야 한다. 다음은 정보 정리 요령이다.

- 선배 강사 10명의 강의를 각각 10회 이상 참석해서 듣는다. 그럼 100회 정도 듣는다.
- 공통 내용(회사, 제품, 보상플랜, 비전) 중 가장 객관적인 내용만 정리한다.
- 내용의 서론, 결론 부분에 자신의 스토리를 추가하면 자

신만의 사업설명 시나리오가 된다.

- 5~7일간 집중해서 사업설명 시나리오를 외우고 연습한다.
- 사람 앞에서 실전 강의 연습을 한다(스폰서나 파트너, 가족 앞에서).

3단계는 정보 전달이다.

정보를 습득하고 정리하면 전달하는 일만 남는다. 그러나 전달하기 전에 강사로서 사명감과 내적·외적 자세를 갖춰야 한다. 이것은 '강사의 자기계발'인데 나는 이것이 가장 중요하다고 본다. 다음은 간추린 강사의 자기계발 요소다.

- 강사는 공인으로서 자신의 모든 언행이 회사의 이미지를 좌우한다는 것을 명심한다.
- 매일 성공 관련 프로그램, 책, 자료 등을 보며 실천한다.
- 각종 성공 세미나에 참석해 좋은 내용을 배운다.
- 항상 최고의 정장과 최고의 자세를 갖추고 최고의 미소를 짓는다.
- 명품 강사, 프로 강사의 매너를 배우고 실천한다.

이러한 준비와 함께 강의와 관련된 하드웨어 시스템을 점검하고 교육 담당자와 강의 과정을 조율해야 한다. 현장 준비를 소홀히 했다가 곤란한 일이 생기면 강사와 주최 측은 신뢰받기 어렵고 전문성이 떨어진다는 평가까지 받는다. 작은 것에도 정성을 다하는 습관을 들여야 한다. 다음은 사전에 점검해야 할 요소다.

- 마이크 시스템 체크: 효과적인 정보 전달이 가능한지 점검한다.
- 음향, 조명 시스템 점검: 음향, 조명 담당자와 충분히 소통한다.
- PC·노트북, 빔 프로젝트 점검: 담당자와 소통하며 점검한다.
- 진행자(사회자, 안내자)와의 소통: 프로필 소개와 무대동선 등을 점검한다.

이 모든 준비를 갖췄다면 강의하는 방법을 배워야 한다. 먼저 무대에 서는 강사의 자세를 구체적으로 살펴보자면 다음과 같다.

- 인사는 무대 중앙에서 정중하게 한다(인사 각도는 30도 정도).
- 시선은 중앙 쪽을 기준으로 긍정적인 모습의 고객을 향한다.
- 필기할 때는 가능한 한 고객에게 등을 보이지 않고 옆 자세로 한다.
- 스크린과 멀리 떨어지지 않고 최대한 가까이 서서 강의한다.
- 손을 주머니에 넣거나 뒷짐을 지지 않는다.

이처럼 강사는 무대에서 세련되고 정성스런 자세로 강의를 진행해야 한다. 강의를 진행하는 방법과 내용은 아래와 같다.

- 강의 시작: 시사, 뉴스, 안부, 좋은 이야기로 공감대를 형성한다.
- 강의 진행: 내용과 감정의 강약을 조절하면서 진행한다.
- 강의 내용: 설득형 설명보다 객관적이고 사실적인 내용으로 구성한다.
- 강의 도구: 사진, 동영상, 제품, 자료 등을 적절히 사용한다.
- 감동, 비전: 자신의 변화, 꿈, 단기목표, 행동계획 등 생생한 내용으로 구성한다.

(3) 강사의 역할

네트워크 마케팅 강사는 일반 강사와 달리 자신이 직접 비즈니스를 하면서 강의를 한다. 따라서 강의 내용과 실제 비즈니스 내용이 같다. 그만큼 그들이 전해주는 지식은 생생하게 살아 있는 정보로 초보 네트워커에게 커다란 도움을 준다.

그런데 일부 강사는 인기를 얻거나 누리는 데 시간과 노력을 기울이며 강의만 잘하려고 애쓴다. 평범한 네트워커들의 환호와 존경에 우쭐해져 교만한 자세를 보이는 강사는 결국 무대에 오래 서지 못한다.

강사는 자기 자신에게 엄격해야 한다. 대중 앞에서 강의를 하면 자연스럽게 공인이 되므로 말 한마디와 행동 하나하나가 사람들에게 영향을 준다는 점을 기억해야 한다. 그래서 어느 누구보다 솔선수범하는 셀프리더이자 타인에게 롤모델이 되어 그들에게 인생 전환점을 만들어주는 동기부여가가 되어야 한다.

7. / 셀프리더 7단계: 복제하기

네트워크 마케팅의 완성은 파이프라인 구축에 있다. 우리가 수도꼭지만 돌리면 언제든 원하는 물을 얻는 것처럼 경제적 독립과 시간적 자유를 위한 파이프라인을 구축해야 한다. 이것을 이루는 지름길은 셀프리더 복제다.

다운라인에 셀프리더가 많을수록 파이프라인은 견고해지고 더 많은 자유를 얻을 수 있다. 그러므로 셀프리더 복제 방법을 알아야 한다. 어떻게 해야 할까? 그 방법은 아주 간단하다. 자신이 셀프리더가 된 과정을 똑같이 파트너에게 적용하면 된다.

아쉽게도 이게 말처럼 쉽지 않아 성공한 리더들이 만든 것이 바로 '시스템'이다. 시스템은 누구나 쉽게 복제할 수 있도록 모든 것을 표준화, 단순화, 체계화했다. 마치 유치원, 초등학교, 중학교, 고등학교, 대학교 같은 교육기관처럼 각 레벨의 수준에 맞게 체계적인 시스템을 만들어 초보 네트워커가 셀프리더가 될 때까지 도움을 받게 한 것이다.

1) 시스템 이해하기

시스템은 조직의 성공습관이다. 즉, 조직의 철학과 비즈니스 방법이 담긴 규칙이자 매뉴얼이다. 그래서 시스템을 배우고 그대로 실천하면 성공 확률이 높아진다. 시스템에는 변치 않는 원칙과 기본이 있어야 하지만 비즈니스 방법은 시대와 환경에 따라 유연하게 변할 수 있다.

시스템을 구성하는 요소는 다음과 같다.

* 고객을 위한 정기적인 사업설명회: 매일, 매주
* 부업자, 소비회원을 위한 정기적인 세미나(사업, 제품)
* 사업자(전업자)를 위한 정기적인 세미나(셀프리더가 되는 방법 외)
* 리더를 위한 세미나, 트레이닝
* 그룹(라인) 행사와 승급식: 월 1회 이상(원데이, 1박2일)

이 같은 시스템이 있는 회사는 거의 완벽한 시스템을 갖춘 셈이다. 만약 몇 가지 부족하거나 미비한 것이 있으면 빨리 완성해야 한다. 교육 시스템을 체계적으로 진행하는 경우 초보 네트워커가 프로 네트워커로 성장하는 데 아무런 문제가 없다. 오히려 쉽게 성장하는 환경을 제공할 수 있다.

이 과정에서 가장 중요한 역할을 하는 사람은 셀프리더의 상징인 강사다. 학교에서 학생들을 가르치는 교사처럼 교육 시스템의 주인공은 강사다. 네트워크 마케팅을 '교육사업'이라고 부르는 이유가 여기에 있다.

이 사업에서 사람들은 교육 과정을 거치면서 이해하고 변화하고 성장한다. 복제 역시 교육으로 이뤄진다. 결국 복제 사업인 네트워크 마케팅에서 핵심 역할을 하는 사람은 강사(셀프리더)다.

2) 시스템 복제하기

초보 네트워커가 성공하는 지름길은 먼저 자신이 셀프리더가 되고, 그다음으로 파트너가 자신처럼 셀프리더가 되도록 돕는 것이다. 그런데 네트워크 마케팅을 1년 이상 해보면 그것이 말처럼 쉽지 않다는 것을 깨닫는다.

고객을 리크루팅할 때 긍정적인 자세로 열정을 담아 적극 나서는 사람도 있고 그와 반대인 사람도 있는 것처럼 사업 파트너도 그렇게 나뉜다. 놀라운 사실은 모든 파트너가 처음에는 네트워크 마케팅에서 비전을 보고 결단한 열정적이고 긍정적인 사람이었다는 점이다. 다만 시간이 지나면서 미래 확신보다 현실 문제나 상황에 발목이 잡혀 변한 것뿐이다.

그런 파트너들에게 셀프리더인 스폰서가 무조건 열심히 하자고만 하면 소 귀에 경 읽는 꼴이 되고 만다. 따라서 스폰서가 직접 관리하는 것보다는 시스템으로 관리하는 것이 훨

썬 효과적이다.

첫째, 회사나 그룹의 모든 시스템 교육에 적극 참여한다. 파트너들에게 솔선수범하는 모습을 보여주어야 한다. 이것이 복제의 첫 단추를 끼우는 과정이다. 복제는 말로 하는 것보다 직접 보여주는 것이 가장 좋다.

둘째, 시스템에 참여할 때마다 반드시 파트너 1~2명 이상을 초대하거나 그들과 함께한다. 이는 파트너가 빨리 성장하게 하는 현명한 방법이다. 네트워커는 대부분 파트너들에게 부담을 준다는 소극적인 생각 때문에 미팅이나 세미나에 자신만 참석해 혼자 동기부여를 받으면서 '이런 좋은 교육은 파트너와 함께 들어야 하는데' 하며 아쉬워한다.

의외로 파트너들은 스폰서의 생각과 달리 함께 참석하는 것을 귀찮아하기보다 고마워한다. 좋은 의도로 좋은 교육을 적극 추천하거나 권유할 경우 정상적인 사람이면 그 마음을 이해해준다.

셋째, 시스템에서 주도적인 역할을 한다. 고객이나 파트너가 함께 참석하는 시스템 교육에서 스폰서가 크든 작든 어떤 역할을 하면 그것이 파트너들에게 끼치는 영향이 대단하다. 가령 사회, 안내, 사업설명, 제품설명, 체험사례 발표, 인생 전환점 발표 등 무엇이든 해보라. 조직에서 가장 중요시하는 시스템 교육에서 무언가 역할을 찾아 적극 행할 경우 자기계발은 물론 파트너들에게도 성공의 문을 열어주는 기회로 작용할 것이다.

넷째, 소규모 단위의 팀 미팅을 정기적으로 진행한다. 팀 미팅에서는 그룹 시스템에서 배운 것을 똑같이 복제(복습)한다. 팀 단위로 미팅을 하면 직급이 낮은 파트너에게도 다양한 기회를 줄 수 있다. 특히 초보 네트워커들은 팀 미팅으로 재미와 자신감을 동시에 얻는다.

구체적인 팀 미팅 방법은 다음과 같다.

- 사업자, 부업자 팀원이 8~12명이 되면 팀장을 선정하고 팀명을 만든다. 최소 인원 8명 정도로 팀을 구성해 팀장, 부팀장, 팀명을 정하는 것이다. 이때 앞으로 모든 미팅과 교육, 비즈니스에 팀 단위로 움직여 성과를 내는 것을 규칙으로 한다.
- 팀원의 개인 신상과 비즈니스 정보를 팀원 모두가 공유한다. 마치 가족 같은 정서와 문화를 만드는 셈이다. 팀원과 그 가족의 애경사를 기록해 기념일에 축하파티를 여는 것도 좋다. 소소한 사랑과 애정을 나누면 사랑과 행복이 넘치는 팀이 만들어진다.
- 회사 프로모션, 시스템 교육에 팀별로 참가해 성과를 내도록 적극 권장한다. 회사의 다양한 프로모션은 팀워크를 더욱 견고히 하고 친목을 도모하는 좋은 기회다.

특히 팀 단위 복제를 하면 가족처럼 끈끈하고 강력한 사랑을 담아내 네트워크 마케팅을 행복하게 진행할 수 있다. 이

것이 모든 네트워커가 꿈꾸는 삶이 아닐까? 진정 행복한 네트워커가 되고 싶다면 시스템을 복제해야 한다!

8. / 셀프리더십
클리닉

이제 내가 30년 동안 현장에서 초보 네트워커들이 겪는 어려움을 하나하나 해결해준 사례를 보여주려 한다. 이것은 다양한 분야에 종사하던 사람들이 네트워크 마케팅에 입문해 좌충우돌하다가 나와 함께 머리를 맞대고 해답을 얻어 지혜롭게 성장한 과정이다.

각 이야기에 나오는 인물은 개인정보 보호를 위해 가명을 사용했다. 혹시 독자나 주위의 지인과 이름이 같더라도 불필요한 오해는 하지 않기 바란다.

1) 꿈과 목표

(1) 최고 상품은 '나'

"지금까지 스폰서가 가르친 대로 6개월 동안 매일 2~3명씩 미팅을 하고, 사람을 만날 때마다 사업설명에다 제품 효과를 입에 침이 마르도록 자랑했지만 겨우 2명만 사업파트너가 되었어요. 이젠 진이 다 빠져 사업을 계속하고 싶은 마음이 없어요. 그동안 들인 노력과 시간을 생각하면…."

눈물을 글썽이며 말을 잇지 못하는 변우영 씨는 대기업에 다니다 사표를 내고 함께 일하던 상사와 개인 사업을 시작했다가 1년 만에 실패한 경험이 있었다. 그러던 중 고객으로 만난 지인에게 무자본, 무점포, 무경험으로 시작할 수 있는 네트워크 마케팅을 소개받아 지금까지 열정적으로 일해 온 것이었다.

6개월간 모든 것을 걸고 뛰어다닌 변우영 씨는 그동안의 노력이면 최소 20~30명의 사업파트너가 생겼어야 마땅하지만 고작 2명뿐이라 가망이 없다고 생각했다.

6개월 만에 이렇게 판단하는 것은 과연 옳을까?

――――― ❖ 셀 프 리 더 십 클 리 닉 ❖ ―――――

뚜렷한 인생 목표를 세운다

많은 사람이 네트워크 마케팅을 쉽게 시작하고 또 쉽게 포기한다. 이는 네트워크 마케팅으로 얻을 수 있는 많은 것 중 단지 돈을 빨리 버는 기능만 생각했다가 그 결과가 나오지 않으면 돌아서기 때문이다.

네트워크 마케팅은 인간관계 비즈니스다. 그러므로 인간관계의 달인이 되는 것이 이 사업에서 성공하는 지름길이다. 결국 회사 안정성, 제품 우수성, 보상플랜 투명성보다 더 중요한 것은 네트워커의 자신감·열정·확신 같은 인간적인 매력이다.

인간적인 매력이 넘치는 사람에게는 뚜렷한 목표가 있고 이들은 매사에 진취적이며 긍정적이다. 또한 대화할 때 당당함과 자신감이 넘쳐 신뢰가 간다. 더구나 목표가 있기에 설령 장애물이 나타나도 쉽게 포기하지 않고 나아간다. 이런 사람과 함께 일하고 싶지 않은가?

목표가 뚜렷한 사람은 움직이는 자석 같아서 주위에 사람들이 모여든다. 따라서 네트워커는 무엇보다 인생 목표를 뚜렷이 세워야 한다.

인생 목표는 이렇게 세운다.

먼저 A4 용지 한 장을 준비한다. 이 종이를 세로로 놓고 맨 위에 '꿈의 목록'이라고 쓴다. 그다음 줄을 4열로 나눠 소제목으로 번호, 꿈의 목록, 최종시한, 우선순위를 써 넣는다.

이제 60초 동안 '꿈의 목록' 부분에 30가지 내용을 기록한다. 되고 싶고 하고 싶고 갖고 싶은 것을 그 짧은 시간 내에 생각나는 대로 적어야 한다. 한 가지 목록을 쓰는 데 2초가 걸리니 아주 빠르게 적어야 한다. 현실, 상황, 한계 등 이것저

것 따지지 말고 무조건 적는다.

꿈의 목록을 다 적었으면 그 옆에 최종시한을 차례로 적는다. 최종시한은 구체적이어야 한다. 최종시한까지 적은 꿈의 목록을 보면서 가장 가치가 큰 것부터 차례대로 우선순위를 정한다.

여기까지 진행했으면 또 다른 A4 용지를 준비해 꿈의 목록을 우선순위대로 재정리한다. 그중 가장 의미 있고 가치가 큰 목록을 몇 개 골라 인생 목표로 정한다. 이것이 목표를 설정하는 가장 쉬운 방법이다.

시각화 자료를 만든다

목표를 생각만 하는 것이 아니라 눈에 보이도록 글이나 사진으로 만들어 수시로 보면 현실에서 부딪히는 여러 가지 어려움을 극복하기가 한결 쉽다. 나는 네트워커들에게 자신이 성공한 미래 모습을 연출해서 멋진 사진을 찍으라고 권한다. 자신이 성공한 미래 모습을 걸어놓고 매일 다짐하며 흐뭇해하는 것도 꽤 즐거운 일이다. 수시로 시각화 자료를 보면서 열정과 비전을 계속 유지하는 것은 굉장히 중요하다.

자기 자신을 '최고의 상품'으로 만들자. 시각화 자료에서 먼저 열정적이고 자신감 넘치는 네트워커가 되어보는 셈이다. 그런 모습을 마음에 담고 밖으로 나가 사람들을 만나보자. 분명 당신의 자신감과 당당함이 상대에게 고스란히 전해질 것이다.

(2) 이미 성공한 것처럼 행동한다

"저는 지난 1년간 회사에서 주최하는 행사·세미나·미팅에 빠지지 않았고 그룹리더가 주최하는 미팅과 세미나, 워크숍, 1박2일 행사에도 다 참가했습니다. 누구보다 필기도 많이 해서 그걸 다 정리하면 책으로 몇 권은 만들 수 있을 정도입니다. 그런데 왜 저는 다른 사람들처럼 성공하지 못한 거죠?"

중소기업에 다니던 차혜정 씨는 승진이 더디고 월급도 크게 달라지지 않아 자기계발 전문 컨설팅 회사의 프로그램 코스에 참가했다가 동기생에게 네트워크 마케팅을 소개받았다. 그녀는 열정적으로 사업을 했지만 좋은 성과를 올리지 못했고 네트워크 마케팅 리더십 코스에 참가했던 기억을 떠올려 나를 찾아왔다.

문제는 그녀가 늘 교육에 열정적으로 참여하고 필기도 정성스럽게 했지만 교육 내용을 실천하는 것과는 거리가 멀었다는 데 있었다. 예를 들어 교육 중에 외적 이미지 메이킹을 가르치고 그다음 주까지 짧은 헤어스타일과 정장, 비즈니스 가방으로 바꿔보라고 권하면 다른 수강생은 그대로 따랐지만 차혜정 씨는 그렇지 않았다. 다른 것도 마찬가지였다.

과연 실천 없이 달라지는 게 있을까?

성공 이미지를 경험한다

네트워크 마케팅을 시작한 초보 네트워커는 대개 이미 성공한 사람들이 보여주는 성공 이미지를 보고 자신도 그렇게 되고 싶어 열심히 활동한다. 성공 이미지를 미리 경험하면 당연히 더 분발하려는 의지가 강해지고 실천력도 높아진다.

성공의 기운이 흐르는 곳에 가서 성공한 사람들과 어울리다 보면 자연스럽게 성공하는 습관과 행동이 몸에 밴다. 그러면 꿈을 하나씩 현실화하고 꿈이 점점 커져 남들이 상상만 하는 꿈도 쉽게 이룰 수 있다.

선배들이 초보 네트워커에게 가장 먼저 권하는 것은 꿈의 목록 기록이다. 좀 더 적극적인 방법으로는 세계 각국 네트워커들이 모이고 백만장자의 성공 스토리가 넘쳐나는 국제 컨벤션에 참석하도록 권하는 것이 있다. 자신이 꿈꾸던 것을 현실로 이룬 사람들로 가득한 생생한 현장을 볼 절호의 기회이기 때문이다.

내 주변에는 실제로 그런 컨벤션에서 동기를 부여받아 성공한 네트워커가 많이 있다. 그들은 항공료조차 마련하기 어려운 처지였으나 세상에 자신처럼 성공을 꿈꾸는 사람이 얼마나 많은지 직접 눈으로 본 후 생각과 행동이 달라졌다.

이처럼 네트워크 마케팅은 다른 비즈니스와 달리 성공 이미지를 보여준다. 회사와 그룹에서 주최하는 각종 미팅, 세미나, 컨벤션에서 성공 이미지를 보여주어 사람들이 계속 꿈을 꾸고 도전하게 하는 것이다.

생각대로 살지 않으면 사는 대로 생각하게 된다

성공하지 못하는 사람은 대부분 '돈이 없어서', '아직 준비되지 않아서', '실력이 없어서' 등 자신의 처지를 합리화하며 선뜻 도전하지 않는다. 그런데 아이러니하게도 성공한 사람들은 대체로 그들처럼 돈도 실력도 없었고 환경과 여건도 그리 좋지 않았다. 다만 '그럼에도 불구하고' 그들은 장애를 뛰어넘고 고난을 극복해 열매를 얻었다는 차이가 있을 뿐이다.

성공한 사람이라고 해서 모든 것이 준비된 상태였던 것은 아니다. 그들은 현실에 맞춰 생각하고 행동한 게 아니라 꿈꾸는 미래에 어울리는 생각과 행동을 해서 원하는 결과를 얻은 것이다.

어릴 때와 달리 어른이 되면서 점점 꿈이 작아지는 것은 현실에 맞는 꿈을 꾸기 때문이다. 성공을 바란다는 것은 현실을 뛰어넘는 행복한 미래를 꿈꾼다는 것을 의미한다. 그렇다면 현실이 아닌 미래 모습에 맞게 생각하고 행동해야 한다.

먼저 성공 이미지를 경험하라. 그런 다음 '실천(행동)'하라. 성패는 얼마나 많이 아는가보다 얼마나 많이 실천하는가에 달려 있다. 원하는 것을 이룰 때까지 계속 행동하고 익숙해질 때까지 반복하면 분명 성공할 수 있다.

(3) 조직의 힘을 활용한다

"이번에 그룹에서 다들 직급에 도전한다고 난리가 났는데 저는 어떻게 해야 할지 모르겠습니다. 지금 가정형편도 좋지 않고 제 능력도 많이 부족해 도전하기에 역부족입니다. 그렇다고 모두 힘을 모으는 상황에서 혼자 빠질 수도 없고 미치겠습니다."

결혼 후 7년 만에 어렵게 낳은 아이가 아토피가 심해 고생하던 반희연 씨는 네트워크 마케팅 회사에서 나온 제품을 사용하고 나서 아이의 아토피가 깨끗하게 사라지는 경험을 했다. 워낙 제품이 좋았고 회사 역사도 20년이 넘어서 그녀는 부업으로 네트워크 마케팅 사업을 시작했다.

다행히 반희연 씨가 속한 그룹은 열정이 넘쳤고 교육도 체계적이라 따라만 가도 성공을 보장받을 듯했다. 마침 이번에 회사에서 특별 프로모션을 내걸자 모두들 팀별 목표를 정하고 도전계획을 세우는 데 머리를 모았다. 그런데 그 목표가 자신에게 무리일 것 같아 반희연 씨 혼자 끙끙거리는 중이었다. 이럴 때는 어떻게 해야 할까?

❖ 셀 프 리 더 십 클 리 닉 ❖

목표가 사람을 부른다

일반적으로 성공하는 사람들은 특별한 능력이나 실력을

갖추고 있다. 하지만 네트워크 마케팅에서 성공하는 사람들은 특별한 능력이나 실력보다 다른 무언가로 성공한다. 그중 가장 중요한 것이 '목표 세우기'다. 구체적으로 말하면 보상 플랜이나 프로모션에 맞는 조직도를 그려 거기에 어울리는 사람들을 찾는다. 물론 누가 그 그림에 어울리는지 잘 모르기 때문에 많은 사람을 만나야 한다.

사람들을 만나 자신의 목표와 비전을 정성스럽게 얘기하면 놀랍게도 여기에 공감하는 사람들이 나타난다. 그리고 그들이 생각보다 빨리 당신의 비즈니스에 동참하는 행운도 생긴다. 더러는 그런 행운이 늦게 찾아오기도 한다. 중요한 것은 가능한 한 많은 사람을 만나 당신의 비전을 얘기해야 한다는 점이다.

당신의 비전을 말하는 데 특별한 능력이나 실력이 필요한 것은 아니다. 열정과 자신감만으로도 충분하다. 당신의 확신에 찬 태도와 정성이 담긴 얘기에 당신보다 능력과 실력이 뛰어난 사람들이 당신의 파트너가 된다.

그 파트너는 당신이 관리하는 게 아니다. 그들은 그룹의 전문적·체계적인 시스템에 따라 점점 네트워크 마케팅에 어울리는 네트워커로 성장해간다. 당신이 해야 할 일은 파트너가 그 시스템에 잘 참여하도록 안내해주는 것뿐이다. 함께 시스템 교육에 참여하면 더 좋다.

이처럼 목표를 세우고 거기에 맞는 사람을 찾기 위해 부지런히 정보를 전달하라. 그러면 세상에 묻혀 있는 귀한 보석을 찾아낼 것이다. 보석은 찾는 사람에게만 눈에 띄는 법이다.

열정의 흐름을 탄다

네트워크 마케팅은 분위기 사업으로 네트워커의 열정이 성패를 좌우한다. 조직의 열정적인 분위기 역시 그에 버금가는 영향을 준다. 성공하는 회사와 조직은 그 분위기를 잘 활용하지만 그렇지 않은 회사와 조직은 그저 네트워커가 열심히 활동해주기만 기대한다.

열정은 목표의 유무에 따라 달라진다. 목표가 있는 조직은 전략을 세우고 행동계획을 마련해 활동한 뒤 수시로 계획을 점검한다. 이것은 개인의 능력만으로 해결할 수 있는 게 아니다. 또한 스폰서라고 해서 모든 것을 알고 있는 게 아니다. 그러므로 팀이 모여 전략을 세우고 좋은 성과를 내기 위해 함께 노력해야 한다.

개인이 이 열정적 분위기를 잘 활용하면 자기 능력보다 몇 배 혹은 몇십 배 뛰어난 결과를 만들어낼 수 있다. 바로 이것이 조직의 힘이다. 네트워크 마케팅이 쉽다는 것은 이처럼 조직의 힘을 빌려 개인의 성공을 이룰 수 있기 때문이다.

그런데 안타깝게도 이 원리를 알고 실천하는 사람이 그리 많지 않다. 초보 네트워커들이 몇 개월 해보고 중간에 포기하는 이유가 여기에 있다. 개인적인 노력만 기울이다가 '나는 안 돼', '내 성격과 맞지 않아', '이것은 아무나 하는 일이 아니야' 하면서 멈추는 것이다.

회사나 그룹에서 한 단계 성장을 위해 준비한 프로모션이 있으면 이를 최대한 활용하라. 조직이 모두 힘을 모을 때 함께 그 열정의 흐름을 타야 한다. 모두가 멋진 미래를 꿈꾸고 목표를 세워 열정을 다하는데 나만 가만히 있으면 왠지 불편하고 이상한 생각이 든다. 그래서 시스템이 중요하다. 성공한 네트워커는 시스템에 속하는 미팅, 세미나, 행사에 빠지지 않고 참석한다. 거기서 뿜어져 나오는 열정, 긍정, 성공 분위기가 성공할 수밖에 없는 환경과 조건을 만들어주기 때문이다. 성공은 성공습관으로 이뤄진다. 성공하고 싶으면 성공적인 조직의 힘을 최대한 활용하라!

2) 열정

(1) 머리에서 가슴까지의 거리

"미팅 때 제가 책과 CD, 유튜브 강의에서 배운 것을 파트너에게 전달했다가 호되게 당했습니다. 도움이 될 것 같아서 말한 것인데 '스폰서님은 하지도 않으면서 왜 우리에게 그렇게 하라고 하시느냐'고 반발을 하더군요. 여기에다 제가 네트워크 마케팅은 팀워크 사업이고 스폰서의 말은 절대적인 것인데 왜 그렇게 스폰서를 무시하느냐고 말해서 분위기가 더 나빠졌어요. 제가 좀 충격이 큽니다."

10여 년간 안정적인 직장생활을 하다가 그만둔 정필원 씨는 아내의 네트워크 마케팅 사업을 도와주다가 자신도 창업하기보다 이 사업을 하는 게 낫겠다는 생각을 했다. 그때부터 각종 미팅, 행사, 세미나에 참석했고 아내보다 오히려 더 비전을 느꼈다.

그룹에서 추천하는 책과 CD, 유튜브 강의를 거의 다 섭렵하고 성공한 리더들의 강의도 빼놓지 않고 들었다. 그러나 필드 경험 없이 자신이 배운 이론대로 아내와 파트너를 가르치려다가 반발에 직면했다.

─────── ❖ 셀 프 리 더 십 클 리 닉 ❖ ───────

경험 없는 이론은 껍데기다

네트워크 마케팅은 100퍼센트 체험 마케팅이다. 자신이 체험한 것을 타인에게 자랑하면서 사업을 진행하는데 이 원리는 조직관리에도 똑같이 적용해야 한다. 경험으로 구축한 조직에 머리로 배운 지식을 전달하려 하면 효과가 없다. 스스로 경험을 쌓아 공감대를 형성할 만한 정보를 가지고 서로 나누는 것이 현명한 자세다.

머리로 배운 산더미 같은 정보보다 1명이라도 리크루팅을 해본 경험이 훨씬 더 큰 자산이다. 이론만 섭렵한 사람은 막상 현장에 나가면 현실이 이론처럼 쉽지 않다는 것을 깨닫는다. 심지어 네트워크 마케팅에 회의감이 들기도 한다. 하지만 스폰서의 도움을 받으며 힘든 과정을 거치고 나면 달콤한 성공의 열매를 거둘 수 있다.

사람들은 책과 CD, 유튜브 강의에 나오는 이론보다 실전 경험에서 우러난 정보를 더 신뢰한다. 그래서 경험 없는 이론은 껍데기에 불과하다. 알맹이는 그 이론을 근거로 한 경험이다. 자신이 그 이론을 실천하고 결과를 내 경험으로 이론을 증명하면 사람들은 그것을 절대적으로 믿는다.

가슴으로 정보를 전달한다

스폰서가 반드시 파트너보다 더 많이 알아야 하고 직급도 더 높아야 하는 것은 아니다. 그런 것을 갖추면 좋겠지만 절대적인 건 아니다. 스폰서는 단지 솔선수범하면 된다. 먼저 경험하고 알아보면서 실패나 성공을 맛보며 익힌 여러 정보를 진솔하게 파트너에게 알려주는 것이다.

파트너들이 한 번도 실패하지 않고 성공한 스폰서를 존경하고 좋아하는 게 아니다. 만약 그런 스폰서가 있다면 파트너들은 오히려 성공할 엄두를 내지 못한다. "당신은 능력이 있어서 성공했지만 내게는 당신과 같은 능력이 없어서 성공하기 어렵다"고 말하지 않겠는가.

성공한 네트워커의 스폰서는 대개 파트너보다 더 능력이 있고 경험도 더 많은 사람이 아니었다. 그래도 성공한 네트워커들은 스폰서들을 존경한다. 왜냐하면 스폰서들이 보여준 헌신과 희생을 잘 알고 있기 때문이다. 부모가 자식을 머리가 아닌 가슴으로 키우듯 스폰서도 그렇게 헌신한다.

머리에서 가슴까지의 거리는 짧을수록 좋다. 훌륭한 스폰서가 되고 싶다면 머리에 있는 지식을 신속히 가슴으로 옮겨라. 뜨거운 열정과 행동으로 그 이론을 증명하라. 경험한 이론을 가슴으로 전달하면 당신은 최고의 스폰서로 인정받을 것이다.

(2) '나'를 명품 네트워커로 만든다

"스폰서가 진행하는 모든 미팅에 빠지지 않고 참석했고 특히 홈파티가 열리면 아무리 멀어도 달려갔어요. 처음에 반응이 시큰둥했던 소비자도 제품으로 효과를 본 후에는 홈미팅에 적극 나왔고 소개도 많이 해줬지요. 덕분에 소비자는 많이 늘어났는데 저 같은 사업자가 나오질 않네요. 도대체 뭐가 문제인지…."

결혼한 뒤 아이 둘을 낳고 평범한 주부로 지내던 허상희 씨는 우연히 이웃집의 홈미팅에 참석했다가 네트워크 마케팅의 비전을 보았다. 2년간 홈미팅을 집중 진행한 결과 제품판매와 상품설명에서 전문가 수준이 되었지만 아쉽게도 열정적인 리더가 눈에 띄지 않았다. 소비자와 홈미팅을 진행하는 파트너는 늘어났어도 조직을 강하게 이끌어갈 리더와 강의를 진행할 강사가 없었던 것이다.

네트워크 마케팅은 제품 효과를 전달해 건강과 아름다움을 제공하는 좋은 일이다. 다른 한편으로 사업기회를 제공받아 창업이나 부업을 할 수 있는 멋진 시스템이다. 그럼 네트워크 마케팅의 사업기회는 단순히 돈을 벌 기회만 의미하는 걸까?

❖ 셀 프 리 더 십 클 리 닉 ❖ —————

나를 명품으로 만든다

네트워크 마케팅은 인맥유통(人脈流通), 즉 사람 사이에서 이뤄지는 비즈니스다. 따라서 성공하는 지름길은 '좋은 사람들의 모임'이 되도록 만드는 데 있다. 이를 위해서는 먼저 당신 자신이 좋은 사람이 되어야 한다. 쉽게 말해 당신에게 리더십과 열정이 있음을 보여주어야 한다. 그러니 먼저 성공한 사람처럼 이미지 메이킹을 하라.

첫째, 헤어스타일을 귀가 보일 정도로 짧고 단정하게 정리한다.

둘째, 깔끔하고 세련된 정장을 입는다.

셋째, 비즈니스용 가방을 준비한다.

넷째, 구두를 항상 깨끗이 닦는다.

나를 명품 네트워커로 만든다

들어봤을지도 모르지만 '제품을 자랑하면 소비자가 만들어지고, 사업을 소개하면 사업자가 만들어지며, 비전을 얘기하면 리더가 만들어진다'는 원리가 있다.

멋진 리더를 만나고 싶으면 비전을 얘기하라. 그보다 더 중요한 것은 고객이 당신을 보고 비전을 느끼게 하는 것이다. 당신이 확신에 찬 얼굴로 열정을 다해 비전을 전달하면 그 모습에 반해 당신의 파트너가 되는 사람이 있다. 그 사람이 바로 리더감이다.

리더감이 스스로 다가오게 만들고 싶다면 프레젠테이션을 전문가 수준으로 할 만큼 훈련을 해야 한다. 호텔, 커피숍, 공원, 사무실 등 어디에서든 고객을 만났을 때 짧게는 5분에서 길게는 30~40분까지 정식 프레젠테이션을 할 수 있을 정도로 훈련하라.

혹독한 훈련을 거친 후 성공한 사람처럼 이미지 메이킹을 하고 명단에 있는 고객을 만나라. 이때 제품판매나 회원가입을 염두에 두지 말고 최선을 다해 설명하라. 그런 열정적인 모습에 관심을 보이며 제품을 쓰거나 회원가입을 하는 사람이 바로 리더감이다. 그들에게 당신의 꿈과 비전을 말하라. 당신이 어떤 사람이 되고 싶은지, 어떤 일을 하고 싶은지, 성공 후 어떤 것을 갖고 싶은지 말하라.

네트워크 마케팅에서는 전달하는 사람의 그릇 크기에 따라 거기에 어울리는 사람들이 모인다. 제품만 얘기하면 소비자 집단이 되고 사업만 얘기하면 돈을 벌려는 사람들로 채워진다. 꿈과 비전을 말하는 명품 그릇에는 리더들이 모인다.

(3) 비즈니스 센터를 만들어라

"집 가까운 곳에 센터가 없어 거의 매일 2시간 반이나 걸려 센터로 가고 있습니다. 처음엔 저 혼자 책도 보고, CD도 듣고, 유튜브 강의도 들으면서 이동시간을 알차게 활용했는데 소비자와 파트너가 점차 늘어나자 문제가 커졌습니다. 파트너와 소비자는 대부분 저와 같은 동네에 사는데 이동시간 때문에 센터에 가기를 꺼려합니다. 오가는 데만 5시간이 걸리니까요."

대학졸업 후 제약회사 연구원으로 7년 정도 근무한 서병철 씨는 제약회사 합병으로 명예퇴직을 고려하던 중 친구에게 네트워크 마케팅을 소개받았다. 연구원 출신답게 여러 가지를 꼼꼼하게 알아보고 스폰서의 권고대로 성공 시스템을 성실히 따른 결과 그는 6개월 만에 7년간 연구원으로 근무할 때의 월급과 비슷한 소득을 올렸다.

그런데 소비자 100명 이상, 부업자 40여 명, 전업자가 20명이 넘는 상황에서 센터가 너무 멀어 고민이 커졌다. 어떻게 하면 이 문제를 해결할 수 있을까?

❖ 셀 프 리 더 십 클 리 닉 ❖

준비된 최고의 센터를 찾는다

요즘에는 동네마다 우아하고 품위 있는 고급 식당과 패밀

리레스토랑, 카페가 많이 있다. 이처럼 조용하고 세련된 장소는 고객에게 프레젠테이션을 하기에 제격이다. 이런 곳에서 만나는 것은 누구나 좋아하며 예약을 할 경우 조용한 위치를 독립적으로 쓸 수도 있다. 더구나 생각보다 음식 값이 그리 비싸지 않아 꽤 경제적이다.

그런 곳을 당신의 비즈니스 센터로 삼아라. 미팅을 집이나 편한 장소에서만 하는 게 아니라 고급 레스토랑과 카페를 활용하면 식상함도 덜고 효과도 더 커진다. 자신만의 비즈니스 센터를 만들 때는 다음 세 가지를 기억해야 한다.

첫째, 예약한다.

고급 레스토랑이나 카페는 이미 준비된 최고급 비즈니스 센터다. 먼저 일주일이나 며칠 전에 레스토랑(카페)을 찾아가 식사나 음료를 먹어보고 분위기를 파악한다. 마음에 들면 주인이나 매니저에게 상담을 요청해 음식, 인테리어, 음악, 좌석 등 분위기를 한껏 칭찬한다. 그런 다음 얘기가 잘 진행되면 곧바로 예약을 한다. 예약할 때는 당신의 이름을 올리는 대신 당신의 멋진 미소가 담긴 이미지 명함을 내민다. 그 명함은 이후에도 계속 당신의 이미지를 대변할 것이다.

둘째, 비즈니스 분위기를 낸다.

예약한 날 모든 참석자에게 마치 최고 리더들이 모이는 것처럼 최고의 모습을 연출해달라고 미리 부탁한다. 이는 참석하는 사람들의 태도를 바꿀 좋은 기회일 뿐 아니라 주위 사람들에게 특별한 사람들의 모임으로 보일 기회이기도 하다.

대화할 때는 큰 소리를 내지 않고 가끔 행복한 미소를 곁들이며 긍정적인 표현과 칭찬, 격려의 말을 주고받는 매너를 보여준다.

미팅을 끝내고 나갈 때는 각자 앉은 의자를 원위치로 해놓고 흐트러진 것을 적당히 정리한다. 또한 모든 사람이 나가면서 각자 주인(매니저)에게 미소를 지으며 음식과 분위기를 칭찬한다. 이 정도면 아무런 투자 없이 최고의 비즈니스 센터를 쉽게 얻을 수 있다.

셋째, 정기적으로 미팅을 한다.

같은 장소에서 정기적으로 미팅을 하는 것은 당신과 당신 조직, 레스토랑(카페) 주인 모두에게 이익이다. 처음처럼 한결같이 멋진 모습으로 주인(매니저)에게 깊은 신뢰감을 주면 성수기 때도 우선순위로 예약할 수 있다. 진짜 센터 못지않은 체계적인 교육과 감동을 이어갈 경우 새로 참석하는 초보 네트워커까지 세련된 분위기에 금세 동화되면서 당신의 조직은 날로 성장할 것이다.

네트워크 마케팅은 이미 구축된 성공 시스템을 활용하는 것이므로 생각만 약간 바꾸면 큰 어려움 없이 성공 방법을 찾을 수 있다.

(4) 하루 일과가 일생을 좌우한다

"아침저녁으로 뛰어다닌 지 3년이 됐는데 아직도 몸과 마음이 쫓깁니다. 주위에서는 이제 좀 쉬면서 하라고 하지만 잠시라도 쉬면 불안해서 견딜 수가 없습니다. 그래서 다시 센터에 나가고 여기저기 다닙니다. 저도 좋은 방법이 있으면 제발 벗어나고 싶어요."

중소기업에서 평범한 샐러리맨으로 20년간 일하다가 아내 친구의 권유로 네트워크 마케팅을 시작한 나성훈 씨는 특유의 성실함 덕분에 큰 어려움 없이 3년 만에 최고리더가 되었다. 직장에 다닐 때처럼 새벽에 센터에 나오고 모든 미팅과 교육에 참석한 후 밤늦게까지 정리 정돈하는 성실함과 부지런함은 그의 트레이드마크였다. 그런데 일부 파트너는 오히려 그의 부지런함 때문에 심적 부담을 느낀다고 호소했다.

이럴 때는 개인의 성실함과 부지런함을 그룹 시스템으로 만들어 복제하는 것이 좋다. 그러면 개인도 자기 시간을 많이 누리고 파트너들도 쉽게 시스템을 복제할 수 있다.

❖ 셀 프 리 더 십 클 리 닉 ❖

하루 일과를 뚜렷이 나눈다

아침이면 센터에 나와 신문을 뒤적이고 미팅과 교육에 참석하면서 할 것을 다 하는 듯하지만 정작 비즈니스 활동은 하지 않고 저녁이면 별다른 결과 없이 집으로 향하는 사람이 아주 많다. 그러면서 하루를 정말 바쁘게 잘 보낸 것처럼 생각한다. 센터에 이런 사람이 많아질수록 비즈니스 센터는 경로당 같은 분위기로 전락해버린다.

이와 달리 활기 넘치고 역동적이며 진취적인 분위기를 만들려면 센터나 리더들이 모든 파트너에게 하루 일과를 뚜렷이 나눠주어 실천하게 해야 한다.

다음은 하루 스케줄 관리 요령이다.

• 오전 스케줄

하루를 상쾌하고 즐겁게 시작하기 위해 오전에는 성공 프로그램이나 성공 관련 책을 준비해 학습한다. 리더들의 스피치를 들으며 하루를 시작하기보다 각자 성공 프로그램과 성공 관련 책을 준비해서 중요한 부분에 밑줄을 긋고 그 내용을 서로 발표하면 자기 동기부여(Self-Motivation)가 강해진다. 또한 자연스럽게 성공 원리대로 하루를 살아야겠다는 다짐을 하게 된다. 리더가 이 시간을 함께할 경우 자신의 노하우를 들려주면서 간접 코치를 해줄 수 있다.

• 오후 스케줄

대한민국의 거의 모든 네트워크 마케팅 비즈니스 센터가 오후에 가장 중요한 사업설명회를 진행한다. 그래서 네트워커는 대부분 오후 2시부터 3시 30분까지 진행하는 이 사업설명회(Show The Plan)에 집중한다.

이를 위해 잠재고객과 의미 있는 점심식사를 하고 차를 한 잔 나누면서 사업설명회에 참석할 기회를 만든다. 이때 앞으로 펼쳐질 독특한 경험, 예를 들면 센터나 세미나실에 사람이 많은 것, 사업설명회 분위기, 세미나가 끝난 후 삼삼오오 모여 미팅하는 것 등을 귀띔해준다. 사전 설명 없이 갑자기 그런 분위기를 경험하면 잠재고객은 당황하거나 역반응을 보일 수 있다.

사업설명회나 미팅이 끝난 뒤의 모습은 뜨거운 열정과 긴장, 긴박감과 아쉬움, 환희와 좌절 등 많은 감정과 분위기가 어우러져 한바탕 전쟁이라도 치른 듯하다. 이때 리더는 분위기를 빨리 정리해야 한다. 가령 제품 교육과 성공 스토리처럼 집중할 수 있는 스케줄을 만들어 전체 분위기를 모아준다.

• 저녁 스케줄

전업 네트워커에게 저녁시간은 성장할 수 있는 훌륭한 시간이다. 이 시간은 리더십 트레이닝이나 강사 트레이닝, 정기적인 학습 과정으로 활용한다. 이때 1주일, 4주, 3개월 과정 등 기간을 정해놓고 인원도 30명이나 50명처럼 한정해서 멤버를 구성하는 것이 좋다.

트레이닝 과정 코치는 그룹별, 라인별 강사나 리더가 맡는 것이 가장 효과가 좋다. 직접 활동하는 살아 있는 모델이기 때문이다. 이 과정은 코치 자신에게는 자아계발, 참가자에게는 모범적인 리더의 모습을 직접 볼 기회라 코치와 참가자 모두에게 큰 도움을 준다.

과정이 끝날 때까지 참가자에게 코치 중에서 개인 멘토

(Mentor)를 정하게 하면 더 큰 효과가 있다. 프로야구에 투수 코치, 타격 코치, 러닝 코치가 따로 있는 것처럼 트레이닝 과정 중에 멘토에게 특별한 노하우를 전수받게 하면 해당 네트워커는 일생일대의 큰 기회를 얻는 셈이다.

트레이닝 과정 못지않게 중요한 저녁 스케줄은 피드백 시간이다. 오전과 오후 스케줄 활동을 놓고 잘한 것, 못한 것, 수정할 것, 개선할 것 등을 심도 있게 논의해야 한다. 이것은 회의 형식으로 진행해 반드시 공식 기록을 남기고 시스템 자료에도 올린다.

네트워크 마케팅은 '1인 기업'이 모인 조직기업이다. 그 조직이 체계적으로 성장하게 하려면 뚜렷한 스케줄이 있어야 한다. 그것이 바로 그룹 시스템이자 문화다.

3) 미팅

(1) 홈 비즈니스로 승부를 걸어라

"제게는 꼭 함께 성공을 나누고 싶은 소중한 친구가 있어요. 그런데 현재 하고 있는 일 때문에 시간을 내기가 쉽지 않아요. 그 친구가 우리 센터에서 진행하는 체계적인 교육과 좋은 미팅에 참석할 수만 있다면 누구보다 빨리 성공할 텐데….."

10년 가까이 여행사에서 근무한 문성애 씨는 그동안의 좋은 인맥을 활용해 비즈니스가 꾸준히 성장하는 중이었다. 그러던 차에 소중한 친구가 관심을 보였는데 시간을 낼 수 없는 처지라며 고민을 했다. 너무 바빠서 도저히 시간을 낼 수 없는 사람에게는 어떻게 대응해야 할까? 과연 반드시 센터 교육으로만 비전과 좋은 분위기를 보여줄 수 있는 걸까?

───────── ❖ 셀 프 리 더 십 클 리 닉 ❖ ─────────

홈 비즈니스 시스템을 활용한다

네트워크 마케팅은 기회가 다양하기 때문에 시간이 많은 사람이든 적은 사람이든 능력껏 비즈니스를 펼칠 수 있다. 일반적인 일처럼 많은 시간 동안 일한다고 결과가 큰 것도 아니고 적게 일한다고 결과가 작은 것도 아니다. 시간을 얼마나 효율적으로 활용하느냐가 더 중요하다.

시간과 공간에 구애받는 사람들에게 적당한 방법이 '홈 비즈니스'다. 이는 말 그대로 집에서 비즈니스를 펼치는 것이다. 이미 홈미팅, 홈파티로 널리 알려져 있지만 그 위력을 잘 모르는 네트워커가 꽤 많다. 홈 비즈니스는 다음 단계로 이뤄진다.

• 1단계: 홈 비즈니스 준비

먼저 주고객(집주인)에게 연락해 언제, 몇 시부터 시작할지, 무얼 준비해야 하는지, 고객 몇 명을 초대할 것인지 상의한다. 예를 들어 수요일 저녁 7시 주고객 집에서 모인다면 수요일이 되기 전에 홈 비즈니스 진행팀이 홈 비즈니스용 프레젠테이션 파일을 준비한다.

홈 비즈니스는 제품 효과 전달을 중심으로 진행하므로 일반 프레젠테이션 파일보다 간단하고 단순해야 한다. 글이 많은 내용은 빼고 눈으로 금방 확인하고 이해할 수 있는 시각 자료 중심으로 파일을 구성한다.

또한 가장 효과가 빠르고 대표적인 제품 한두 개만 설명하도록 준비한다. 제품판매보다 제품 효과를 전달해 신뢰할 만한 회사, 좋은 비즈니스라는 것을 각인하는 것이 더 중요하다. 철저한 준비를 끝내고 약속한 날 주고객의 집에 최소한 1시간 전에 도착해 주고객과 프레젠테이션 장소, 강의 보조용품, 고객들의 좌석 등을 정하고 점검한다.

• 2단계: 홈 비즈니스 진행

홈 비즈니스는 3명이 팀을 이뤄 진행하는 것이 가장 효과 적이다. 갑은 프레젠테이션을 하고 을은 보조역할을 하며 병 은 주의 집중을 위해 전화를 대신 받거나 아이를 돌보는 역 할을 한다.

제품판매에 신경 쓰지 말고 좋은 건강 정보를 준다는 생각 으로 가볍고 편하게 진행한다. 제품 설명이 끝나기 전에 질 문이 나오면 짧게 대답한 뒤 보충설명은 끝나고 해준다고 말 한다. 센터 세미나와 달리 홈 비즈니스는 가까운 사람들이 편하게 모이는 곳이라 아무 때나 불쑥 질문이 튀어나올 수 있는데 자칫하면 설명의 맥이 끊길 수 있다.

• 3단계: 홈 비즈니스 마무리

최선을 다해 충분히 설명했다면 십중팔구 제품을 구입하 는 고객이 있다. 이때가 가장 중요한 시점이다. 설명할 때는 누구든 잘 알아듣고 이해하지만 뒤돌아서면 모르는 경우가 많으므로 제품 구입 고객에게 다시 제품 사용 순서와 효과를 차근차근 설명해준다.

그러면 제품을 구입하지 않은 고객도 간접적으로 다시 설 명을 들으면서 마음이 흔들려 구입하기도 한다. 제품은 좀 모자란 듯 준비한다. 제품판매가 아니라 주고객의 또 다른 고객들과 유대관계를 맺는 것이 우선이기 때문이다.

제품판매 이익은 모두 주고객에게 돌려주는 동시에 홈 비즈니스의 수월함과 이점을 알려준다. 주고객이 편한 시간에 정기적으로 모임을 열면 스폰서들이 찾아와 설명, 판매, 회원가입을 도와준다는 것을 말이다.

• 4단계: 홈 비즈니스 발전

첫 번째 홈 비즈니스를 성공적으로 끝냈다면 더 이상 문제는 없다. 주고객이 매주 1~2회 홈 비즈니스를 진행할 여건을 만들 경우 소비자와 회원가입은 쉽게 이뤄진다.

이 방법으로 몇 개월을 진행하면 주고객에게 적지 않은 소비자와 회원이 생긴다. 이는 제품 애용과 체험으로 이뤄진 조직이라 탄탄하고 외부의 부정적 인식에도 쉽게 흔들리지 않는다. 이런 조직을 이끄는 주고객은 리더의 강의에 초대해 비즈니스의 또 다른 매력을 느끼도록 한다. 분명 홈 비즈니스에서 볼 수 없던 멋진 비전을 보게 될 것이다.

좋은 제품을 저렴하게 구매할 수 있는 혜택으로 시작해 그런 회원들의 모임을 잘 관리하는 것이 네트워크 마케팅이다. 그런데 안타깝게도 네트워크 마케팅을 거창하게 생각하다가 쉽게 포기하는 사람들이 많다. 그 첫걸음은 바로 홈 비즈니스다.

세상의 변화를 누구보다 잘 아는 대한민국 고급 인력들은 매우 바쁘다. 남보다 더 열심히 뛰고 또 다른 기회를 찾는 그들에게 필요한 것은 바로 홈 비즈니스다. 당신보다 더 훌륭한 파트너를 찾고 싶다면 홈 비즈니스로 승부를 걸어라.

(2) 고객은 잠재 사업파트너다

제품 효과를 자랑하는 것은 누구나 할 수 있는 쉬운 일이다. 특히 제품을 사용해보고 특별한 효과를 체험한 사람은 사업파트너가 될 가능성이 크다. 그런 파트너와 네트워크 마케팅을 진행하는 것은 즐거운 일이지만 제품을 사용한 고객 중에 그러한 사람만 있는 것은 아니다.

어떤 사람은 특별한 호전반응에 놀라 제품을 불신하거나 당신을 원망할 수도 있다. 심지어 어떤 사람은 소비자보호원이나 언론에 신고하겠다고 으름을 지른다. 이런 일에 어떻게 대처해야 하는지 요령을 미리 알아두지 않으면 당황할 수 있다.

그럼 고객 유형에 따라 어떻게 대처해야 하는지 알아보자.

• 성격이 급하고 목소리가 큰 고객

《삼국지》에 나오는 장비 같은 성격의 소유자로 잘 흥분하고 행동이 앞서는 타입이다. 이들 고객은 대체로 제품의 특별한 공정 과정이나 기능, 디자인에 거의 관심이 없고 저렴한 가격과 사용 후 효과에 관심이 많다. 남에게 뒤지기 싫어하는 성격 때문에 충동구매가 많으며 기분에 따라 반품이나 환불도 쉽게 요구한다. 이들은 제품 사용 중에 문제가 생기면 네트워커에게 다짜고짜 따진다.

"당신이 준 제품 때문에 피부 전체가 뒤집어졌다. 어떻게 하겠느냐. 변상해라! 병원 치료비와 정신적 보상을 하라!"

"당신이 하라는 대로 했는데 살이 빠지지 않았다. 오히려 어지럽고 소화가 잘 되지 않는다. 반품하겠다. 책임져라!"

이 경우 당신은 일단 사과부터 하고 경청해야 한다. 그렇지 않고 상대에게 책임을 돌리면 오히려 화를 불러일으킬 수 있다. 사과하고 책임지겠다는 말을 먼저 해서 흥분을 가라앉힌 다음 차분하게 어떻게 사용했는지, 건강상태가 어땠는지, 다른 약이나 제품과 혼용했는지 질문을 한다.

일반적으로 이런 고객은 자존심이 센 타입이라 당신이 정성을 들이면 반품이나 변상 요구를 철회한다. 더 나아가 당신의 충실한 고객이나 파트너로 변신한다.

• 성격이 차분하고 논리적인 고객

일을 진행하기 전에 많이 생각하고 신중하게 판단해서 행동하는 타입이다. 제품을 사용하기 전에 제품 효과뿐 아니라 성분, 공정 과정, 유통 과정, 임상실험 결과, 선진국의 반응에 많은 관심을 보인다. 또한 미국 FDA, 일본 후생성, 한국 식약처 등 각 나라의 권위 있는 기관에서 인정을 받았는지도 궁금해 한다.

객관적 자료나 데이터를 믿는 이들은 주로 고학력자나 전문직 종사자다. 이들은 제품을 선정할 때까지는 상당히 까다롭지만 일단 제품을 신뢰하면 평생고객이 되는 타입이다. 이

러한 고객 주변에는 이들을 믿고 제품을 사용하는 간접고객
이 상당히 많다고 볼 수 있다. 따라서 제품을 사용하던 중에
문제가 발생하면 쉽게 해결되지 않는다. 이들은 그동안 전달
한 자료나 데이터를 분석하고 정리해 논리적으로 문제를 제
기한다.

이들을 설득하겠다고 이런저런 이야기를 늘어놓는 것은
도움이 되지 않는다. 가장 좋은 방법은 회사나 제품 담당자
에게 직접 연락을 취하는 것이다. 전문가가 문제를 해결하도
록 하면 회사와 직원, 제품은 오히려 더욱 신뢰를 받는다.

• 다른 사람을 통해 불만을 토로하는 고객

소극적·내성적이고 수동적·피동적으로 행동하는 타입으
로 직장인, 공무원 등 평범한 샐러리맨에게 이런 유형이 많
다. 이들은 자신의 생각을 자신 있게 표현하지 않으며 제품
을 구입할 때도 주위 사람들의 권유로 마지못해 결정하는 경
향이 있다.

마음에 드는 것이 있어도 주위의 눈치를 보며 망설이다가
구입하지 않기도 한다. 이러한 고객은 문제가 발생할 경우
네트워커에게 직접 따지거나 논리적으로 문제를 제기하지
않고 주위 사람들에게 남의 흉을 보듯 불만을 이야기한다.
이때 만약 누군가가 자신을 대신해서 문제를 제기하면 뒤에
서 맞장구를 치는 정도의 역할을 한다.

이들은 개인적으로 만나 이야기를 나누는 것이 효과적이

다. 이때 고객의 고충에 공감한다는 것을 표하고 현재의 문제에 맞장구를 쳐준다. 공감대를 형성하면 그 사람을 위해 특별히 준비했다며 새로운 제품으로 바꿔준다. 고객은 그 배려에 기뻐하며 충성고객뿐 아니라 훌륭한 사업파트너가 될 수 있다.

훌륭한 고객을 만드는 최고의 방법은 고객 입장에서 생각하고 행동하는 것이다. 눈높이를 맞추고 마음을 열어 문제에 귀를 기울이면 소중한 친구를 얻을 수 있다.

(3) 품위 있는 식사, 품격 있는 비즈니스

만나고 싶은 사람과 함께 식사하는 시간은 평소 나누지 못한 이야기를 자연스럽게 주고받을 좋은 기회다. 그래서 많은 사람이 중요한 대화를 나눠야 할 때 일부러 식사시간을 선택한다. 비즈니스맨들의 조찬모임에도 이런 의도가 담겨 있다.

식사를 함께하면 친밀감이 더해지고 정보를 주고받는 것도 수월하다. 그러나 식사에도 품위와 매너를 갖춰야 비즈니스 품격이 높아지므로 그 요령을 알아두는 것이 좋다.

예약은 필수, 장소는 가깝고 조용한 곳으로
누군가를 만나는 장소의 이미지는 당신의 품격과 이미지를 높여주기도 하고 떨어뜨리기도 한다. 가능하면 상대가 어

떤 음식을 좋아하는지, 어떤 장소를 선호하는지 파악하는 것
이 좋다. 이것이 어렵다면 누구나 좋아할 만한 무난한 장소
를 선택한다. 상대가 이용할 교통수단을 고려해 찾기 쉬운
곳을 선택하는 것도 중요하다.

그러므로 정확한 약도와 전화번호, 담당자를 알아두고 조
용하고 편안하게 대화할 수 있는 좌석을 예약한다. 첫 만남
이거나 상대방이 잘 모르는 장소에서 만날 때 가장 중요한
것은 찾기 쉽고 주차가 용이하며 짧은 식사시간이나마 대화
하기에 조용한 장소여야 한다.

언제나 상대방보다 먼저 움직인다

우선 하루 전에 상대에게 전화해서 약속한 시간과 장소를
확인해준다. 혹시 고객이 약속을 잊었거나 다른 중요한 일로
약속이 변경되면 당황하지 말고 이렇게 말한다.

"어휴, 그렇게 중요한 일이면 제 약속은 다음으로 미루는
게 좋겠네요. 걱정하지 말고 다녀오십시오. 토요일에 다시
전화를 드리겠습니다."

이러한 배려는 상대에게 더욱 신뢰를 주고 또 다음 만남을
당신이 주도할 기회를 얻게 해준다. 이때 "내일 만나기로 미
리 약속하고 이미 식당도 예약했는데" 하면서 선약만 강조하
면 상대는 미안해할 뿐 아니라 당신과의 만남을 불편하게 여
긴다.

약속장소에는 약속시간보다 30분 정도 먼저 도착한다. 혹

시 상대가 약속을 잘 지키는 성실한 사람이면 약속장소에 최소한 10분 전에 도착할 것이다. 당신은 그보다 몇십 분 먼저 도착해 예약사항을 꼼꼼히 살피고 만반의 준비를 갖춰놓아야 한다.

혹시 상대가 도착하지 않았다면 전화해서 "오시는 데 불편함은 없나요? 저는 조금 전 도착했습니다. 어디쯤 오고 계신가요?" 하며 상대방을 안심시키고 대충 언제 도착할지 시간을 가늠한다.

당신이 약속시간에 늦는 것은 가장 큰 실수다. 약속장소에 헐레벌떡 나타나 "죄송합니다. 차가 너무 막혀 좀 늦었습니다"라고 하면 이미 신뢰감을 잃어버린 상태라 비즈니스 성과를 기대하기 어렵다. 교통체증을 감안해 적당한 교통수단을 선택해야 한다.

품격 있는 비즈니스에는 향기가 난다

상대가 도착하기 전 회사 사보나 베스트셀러를 본다. 이는 사람을 기다리는 지루함과 조급함에서 벗어나는 좋은 방법이자 대화 전에 좋은 이미지를 남기는 방법이기도 하다.

식사하면서 비즈니스 이야기를 나눌 때 주의해야 할 점은 화려한 옷을 피하라는 것이다. 특히 여성은 상대가 주눅이 들거나 식사보다 옷에 더 관심을 보일 수도 있다. 가장 좋은 것은 깔끔한 정장이다.

식사는 상대방의 식사 속도에 적당히 맞춰준다. 상대가 이야기할 때는 잠깐 식사하던 손을 멈추고 진지하게 경청하는 것이 좋다. 그러면 당신이 이야기할 때 상대도 경청해줄 것이다.

입에 음식이 있는 상태에서 말하는 것은 좋지 않다. 특히 외부에서 걸려온 전화 때문에 휴대전화를 계속 붙잡고 있는 것은 실패의 함정을 파는 것이나 마찬가지다. 휴대전화는 꺼놓거나 진동으로 해놓고 전화가 오면 "중요한 미팅 중이니 식사 후 전화 드리겠습니다"라고 간단히 끝낸다. 식당 직원을 대하는 당신의 태도도 상대에게 강한 인상을 남기므로 정중하게 존대어를 쓰고 미소를 잃지 않는다.

품위 있는 식사는 당신의 이미지, 전문성, 비즈니스 매너를 보여줌으로써 멋진 성공 파트너를 얻게 해준다.

4) 초대

(1) 초대하기

> "네트워크 마케팅이 좋아서 열심히 일은 하고 있지만 매월 진행하는 1박2일 세미나와 라인미팅에 참가하는 것이 너무 불편합니다. 스폰서들은 그때마다 고객이나 파트너를 꼭 초대하라고 하는데 제가 그것을 가장 못하거든요. 일을 시작한 지 1년이 지났어도 일에 성과가 없으니 당연히 그렇게 해야 한다는 건 알지만 초대하는 게 아직도 힘들어요."

대학을 졸업하자마자 결혼해 평범한 주부로 20년을 살다가 친동생의 소개로 네트워크 마케팅을 시작한 김성실 씨는 행사 때마다 고객이나 파트너를 초대하는 것이 너무 부담스럽다고 했다.

왜 부담을 느끼는 걸까? 초대는 남에게 기회를 주는 것으로 네트워크 마케팅에서 매우 중요한 일이다.

─────────── ❖ 셀 프 리 더 십 클 리 닉 ❖ ───────────

초대의 위력

평범한 사람에게 네트워크 마케팅의 매력은 자신의 부족한 경험과 지식, 열정을 스폰서들이 채워준다는 데 있다. 즉, 자신보다 경험이 풍부하고 해박한 지식과 불타는 열정으로 무장한 스폰서들이 대신 일을 해준다. 구체적으로 말하면 초보 네트워커는 경험과 지식, 열정이 가득한 사람들이 있는 공간에 고객을 잘 초대하기만 해도 일하는 데 전혀 지장이 없다.

다른 일을 하는 사람들은 자기 분야에 완전히 숙달해야 하지만 네트워커는 자신이 아는 만큼만 전달하면 된다. 나머지는 미팅이나 세미나에서 전달받도록 도와주는 것으로 충분하다. 그렇게 도와주는 것이 바로 '초대'다.

초대만 하면 고객이 궁금해 하는 문제를 거의 다 해결해줄 수 있다. 나아가 고객에게 더 가치 있는 인생을 살도록 정보도 준다. 이처럼 초대는 좋은 정보, 좋은 기회를 주는 일이다.

사실 초대를 부담스럽게 여기는 사람은 대부분 심성이 착하다. 남에게 도움을 주었으면 주었지 절대 피해를 끼치지 않으려고 하는 사람들이다. 그런데 초대는 타인에게 피해를 주는 일이 아니다. 오히려 남을 도와주고 자신도 기쁨을 얻는 일이다.

남에게 피해를 주지 않으려면 정확하고 확실한 정보를 줘야 한다. 이를 위해서는 미팅에 초대해 자신보다 더 풍부한 경험과 지식을 갖춘 스폰서들에게 올바른 정보를 얻도록 도와줘야 한다. 초대는 고객에게 더 정확한 정보를 주기 위한 '좋은 일'이다.

단계별 초대 방법

1단계, 초대할 때 긍정적이고 희망적인 언어를 사용한다.

예를 들면 다음과 같이 짧고 긍정적이며 확신에 찬 말로 전달해 관심을 유발한다.

"홍길동 님, 다음 주 금요일 경치 좋은 단양에서 그룹이 주최하는 1박2일 세미나가 있는데 함께 가시죠. 이번 세미나에서는 특별히 유명한 경제학 교수가 미래에 유망한 직업을 주제로 강의를 한다고 합니다. 평소 홍길동 님이 큰 관심을 보이던 내용이라 유익한 시간이 될 겁니다."

그런데 아쉽게도 많은 네트워커가 "홍길동 님, 다음 주에 시간 있어요?" 또는 "홍길동 님, 다음 주에 우리 그룹에서 진행하는 1박2일 세미나가 있는데 함께 가지 않을래요?" 같이 소극적인 언어나 부정적인 대답을 유도하는 질문을 한다.

당연히 상대방은 긴장하면서 '혹시 나한테 뭘 부탁하려고 하나?', '1박2일이 뭔데 나를 끌고 가려는 거지?' 하고 경계하는 반응을 보인다.

더구나 상황이 절박한 스폰서는 파트너에게 "김길동 사장님, 이번 세미나에 꼭 가야 해요. 우리 팀에서 참가하는 사람이 몇 명 되지 않으니 사장님이라도 꼭 가야 해요. 알았죠?" 라며 마치 인원을 맞추기 위해 의무적으로 참가해야 하는 것처럼 말한다. 이때 돌아오는 대답은 거절이나 핑계를 대며 회피하는 말뿐이다.

2단계, 상대방의 반응을 잘 파악해 대응한다.

초대 예정자(고객, 파트너)의 반응은 미래 조직관리 단계에서도 중요한 요소다. 반응이 빠른 사람에게는 "역시 홍길동 님은 긍정적이고 적극적이군요. 성공할 수밖에 없는 요소를 갖추고 계십니다"라며 칭찬과 격려를 해준다. 그리고 미래 리더감으로 분류한다. 반면 부정적인 반응을 보이는 사람에게는 "이번이 좋은 기회인데 정말 아쉽네요. 그럼 다음에는 꼭 함께 갈 수 있기를 기대하겠습니다"라고 예의를 갖춰 깔끔하게 마무리한다.

네트워크 마케팅에서 초대는 소중한 사람을 얻기 위해 정성을 쏟는 중요한 일이다. 초대할 때마다 초대자가 세미나에서 당신에게 "이렇게 멋진 정보를 전달해주어 정말 감사합니다!"라고 고마움을 표하는 상상을 하라. 네트워크 마케팅은 그들에게 주는 인생의 선물이다.

(2) 1박2일

> "제가 네트워크 마케팅의 비전과 매력에 푹 빠져 있는데 아직 이해가 가지 않는 부분이 있습니다. 그룹에서 한 달에 한 번 진행하는 1박2일 세미나에 꼭 참석해야 하는지요? 평소에도 다양한 교육이 있고 리더들이 각 지역센터에서 풍부한 노하우를 알려주는 교육도 많은데 굳이 멀리 있는 장소로 적지 않은 비용을 들여가며 이틀 동안 갈 필요가 있는지 진짜 궁금합니다."

대치동 입시전문학원에서 10년간 수학을 담당하며 유명강사로 이름을 떨치던 유명한 씨는 목에 염증이 생겨 병원을 찾았다가 질환이 심각하다는 진단을 받았다. 동료 강사의 소개로 네트워크 마케팅 회사의 건강식품을 먹고 호전된 그는 강사의 길을 접고 네트워크 마케팅 사업에 뛰어들었다.

과연 스폰서들은 1박2일 세미나를 왜 권하는 걸까?

❖ 셀 프 리 더 십 클 리 닉 ❖

휴먼 비즈니스

네트워크 마케팅은 인맥유통이라 주위 사람들에게 제품

효과와 사업기회를 전달하면서 회원가입을 권유하는데 이를 흔히 리크루팅이라고 부른다. 좀 더 쉽고 빠른 진행을 위해 이것을 홈미팅, 숍미팅, 다이어트 아카데미, 디톡스 프로젝트, 동안클럽, 뷰티스쿨, 헬스파티 등의 이름으로 부르기도 한다. 그 기회를 접하고 회원으로 등록한 사람은 소비회원, 부업자, 사업자로 분류한다.

소비회원은 자신이 등록한 회사의 제품을 회원가로 구입해서 사용하는 사람으로 제품 교육이 도움을 준다. 부업자는 사업의 비전을 보았지만 현재의 일을 그만두지 않고 틈틈이 시간을 내 비즈니스 활동을 하는 사람이다. 사업자는 당장 비즈니스를 시작해 성공하려 하는 사람이다. 부업자와 사업자에게는 회사와 그룹에서 진행하는 모든 미팅, 세미나, 행사가 많은 도움을 준다.

네트워크 마케팅에서 성공하는 가장 좋은 방법은 미팅에 꾸준히 참석하는 것이다. 각종 미팅에서 제품과 사업 관련 정보나 노하우를 배울 수 있기 때문이다.

네트워크 마케팅을 제대로 이해하는 회사와 그룹은 체계적인 교육 시스템을 갖추고 있다. 즉, 소비자나 소비회원을 위한 재미있고 유익한 제품설명회와 부업자·사업자를 위한 마케팅과 리더십 교육을 구비하고 있다. 특히 부업자와 사업자의 교육 시스템에 따라 조직의 성장이 완전히 달라진다. 그런 교육은 특별하므로 최소 1년 이상 진행하도록 장기 전략을 세우고 꾸준히 실행해야 한다.

이러한 교육을 거치면서 리더를 발굴하고 그 리더의 역할로 회사나 그룹의 시스템과 문화가 형성된다. 결국 그 리더는 롤모델이 되고 후배들은 그를 복제한다. 그런데 이 단순한 원리 안에 특별한 것이 숨어 있다. 바로 스폰서와 파트너 간의 신뢰다. 네트워크 마케팅에서는 이 신뢰가 가장 중요한 역할을 하기 때문에 휴먼 비즈니스로 불린다.

1박2일의 가치

1박2일 세미나는 휴먼 비즈니스인 네트워크 마케팅의 진수를 경험할 수 있는 최고의 기회다. 1박2일뿐 아니라 2박3일, 3박4일, 5박6일 등 숙박일이 많을수록 더 좋다. 왜냐하면 스폰서와 파트너가 함께 울고 웃으며 정을 나누는 시간이 더 많아지기 때문이다.

그렇게 함께하며 인간적인 면을 느끼는 한편 서로를 더욱 신뢰하게 된다. 서로를 신뢰하면 팀워크가 당연히 좋아지면서 일하는 것이 훨씬 수월해진다.

네트워크 마케팅의 생명은 팀워크가 좌우한다. 팀워크는 리크루팅, 홈미팅, 교육을 잘한다고 생기는 게 아니라 함께 공감을 나누는 인간적인 교류가 있어야 생긴다. 따라서 1박2일 프로그램은 제품 체험과 인생 전환점 스토리, 장기자랑, 핀 수여식과 스피치, 리더들의 성공 스토리 같은 '휴먼 스토리'를 중심으로 구성해야 한다.

강의를 중심으로 한 구성은 피하는 것이 좋다. 중요한 것은 네트워커들과 최대한 많이 소통하고 함께 공감하는 일이기 때문이다. 1박2일은 또 하나의 가족을 얻을 수 있는 좋은 기회다.

새로운 고객을 회원으로 확보하는 것도 중요하지만 현재 함께 일하는 스폰서, 파트너와 정을 나누고 신뢰를 쌓는 1박2일 세미나가 있다면 가족과 여행을 가듯 즐거운 마음으로 참가하라. 그것이 행복한 네트워커가 되는 지름길이다.

5) 강사와 강의

(1) 배울 때는 무식하게, 강의는 폼 나게!

"전국 어느 센터에서든 제가 강의를 하면 반응이 폭발적이고 감동의 물결이 일어납니다. 그런데 어제는 얼굴을 들 수 없을 정도로 창피를 당했습니다. 매주 다니는 ○○리더십센터에서 어제 10분간 스피치를 해야 했는데 저도 모르게 30분을 넘겼고 반응이 냉담했습니다."

건강식품 방문판매원으로 12년간 활동하다가 네트워크 마케팅을 시작한 양선희 씨는 방문판매원으로 일하던 시절에 배운 대로 열정적이고 힘 있는 강의를 해서 큰 호응을 받았다. 그녀는 전국 어디서든 부르면 달려가 강의를 했는데 시간이 지나면서 '강사가 무식하다', '완전히 아줌마식 강의다', '방판식 강의다', '피라미드를 하면 딱 어울리겠다' 같은 충격적인 말이 들려왔다.

그녀는 남몰래 ○○리더십센터에 수강신청을 하고 제대로 강의를 배워보려 애쓰고 있었는데 몇 주 지나지 않아 결국 몇 년간 몸에 밴 대로 시간을 초과해 무식한 강의를 해버린 것이다.

어떻게 하면 존경할 만한 객관성을 띠면서 품위 있게 강의를 할 수 있을까?

──────── ❖ 셀 프 리 더 십 클 리 닉 ❖ ────────

배울 때는 이것저것 따지지 않는다

네트워크 마케팅에 참여한 사람들 중 빠르게 성장하는 부류는 대부분 기혼여성이다. 반대로 더디게 성장하거나 잘 적응하지 못하는 부류는 남성, 특히 중년 엘리트 계층이다. 그 이유는 여성은 스폰서나 리더의 말을 그대로 믿고 행동하는 반면 남성은 이것저것 따지느라 행동하지 않거나 행동이 느리기 때문이다.

이런 현상은 교육에 참여한 모습에서도 나타난다. 우선 여성은 강사의 화려한 이력을 따지지 않는다. 그저 강의 내용에 집중해 강사가 전달하는 지식에 관심을 둘 뿐이다. 강사가 최선을 다해 멋지게 강의를 하면 여성은 지위고하를 막론하고 강사에게 존경과 감사를 표한다. 이후 그 강사에게 많은 것을 배우려 하고 자신이 추천한 고객과 파트너에게도 적극 소개하거나 존경심을 표한다.

남성은 그렇지 않다. 일단 강사가 자신보다 나이가 어리면 호의적인 표정을 짓지 않고 화려한 이력과 경력의 소유자가 아니면 별로라고 생각한다. 강의 내내 강의 내용보다 강사의 태도나 지식 정도를 평가하려는 감독관 같은 표정을 짓고 있다가 자신이 아는 것보다 좀 더 구체적이고 전문적인 내용을 다뤄야 표정이 호의적으로 바뀐다.

여기에다 자신의 기준으로 볼 때 불가능한 결과를 강사가 이미 성취했음을 알아야 인정하는 표정을 짓는다. 그러다 보니 어지간한 강사나 리더가 아니면 믿지 않는다. 그래서 남자들은 흔히 이런 한탄을 쏟아낸다.

"그때 빨리 깨닫고 행동했으면 지금보다 훨씬 더 성공했을 텐데."

배울 때는 이것저것 따지지 마라! 어린아이 같은 순수한 마음으로 배워라! 그것이 가장 빨리 리더로 성장하는 지름길이다.

강의는 폼 나게 한다

네트워크 마케팅은 복제사업이라 강사의 영향력이 아주 크다. 따라서 네트워크 마케팅 현장에 있는 강사는 폼 나게 강의를 해야 한다. 즉, 자세가 좋아야 한다.

요즘에는 지역 복지관, 대형 백화점 문화센터, 언론기관 교육센터, 산학협동 전문교육 과정, 북 세미나, 성공 세미나, 행복 세미나 등 다양한 교육과 행사가 많아 한국인의 의식 수준과 강사를 바라보는 눈높이가 상당히 높다.

이런 환경에서는 전문가도 부러워할 만한 특별한 무기가 있어야 한다. 그것은 바로 폼 나게 강의하는 것이다. 해박한 지식을 전달하는 강사보다 더 인정받는 강사는 폼 나게 강의하는 강사다. 열정적이고 세련된 강사, 얼굴엔 미소를 지으면서도 전체적으로 당당함과 겸손함이 몸에 밴 그런 폼 나는 강사가 되어보자.

(2) 단순할수록 복제가 잘된다

> "1년 넘게 교육을 지속했는데 제대로 흉내조차 내는 리더가 없어서 미칠 지경입니다. 도대체 생각이 있는 건지 없는 건지. 그만큼 알려줬으면 척척 해내야 하는 것이 마땅한데 왜들 그렇게 노력하지 않는지 답답합니다."

대학에서 경영학을 가르치다 네트워크 마케팅을 부업으로 시작해 5년 만에 최고리더가 된 고준혁 씨는 지금도 틈틈이 대학 강단에서 강의를 하며 비즈니스를 진행하고 있다. 경영학과 교수라는 타이틀 덕분에 일찌감치 강사로 나섰고 인기도 있었지만 그룹에서 자신과 같은 강사가 나오지 않아 힘들어했다.

대체 무엇이 문제일까? 알고 보니 문제는 다양하고 전문적

인 교육 내용에 있었다. 그에게는 쉬운 내용이 파트너들에게
는 쉽지 않았던 것이다.

단순하게 정리한다

네트워크 마케팅에서 훌륭한 강사로 가는 데는 3단계가 있
다. 1단계는 다양한 정보 습득, 2단계는 깔끔한 정보 정리 그
리고 3단계는 단순한 정보 전달이다.

• 1단계: 정보 습득

네트워크 마케팅은 인맥유통 비즈니스이므로 사람들이 관
심을 보이는 정보를 풍부하게 알아야 한다. 세상 돌아가는 이
야기를 많이 알수록 쉽게 공감대를 형성할 수 있기 때문이다.

많은 네트워커가 사업을 하느라 TV를 보거나 영화, 연극,
취미에 신경 쓸 시간도 없다고 하지만 오히려 그럴수록 더
시간을 내야 한다. 그것이 짧은 시간 대화로 빠른 공감대를
형성하는 지름길이기 때문이다. 괜히 시간을 낭비하는 것 같
겠지만 제품 설명을 하며 몇 시간씩 설득하고, 회원가입을
권유하느라 여러 번 만나는 투자보다는 훨씬 저렴하고 노력
이 덜 드는 방법이다.

마찬가지로 네트워크 마케팅 관련 책을 비롯해 다양한 자
기계발 도서를 읽어 정보를 듬뿍 습득하는 것이 좋다.

• 2단계: 정보 정리

정보를 습득한 후에는 깔끔하게 정리해야 한다. 이때 다 챙기려는 욕심을 버리고 감동받은 내용이나 사람들에게 전하고 싶은 내용을 쉽고 단순하게 정리한다.

많은 네트워커가 정보 습득은 많이 하는데 정리 단계는 귀찮아한다. 심지어 정보를 정리하는 시간을 아까워하기도 한다. 정보는 정리할 때는 귀찮고 시간도 걸리지만 일단 해놓으면 시간을 절약하게 해준다.

정리하는 데 큰 도움을 주는 소프트웨어는 파워포인트다. 이것은 한글이나 워드프로세서를 다룰 정도의 실력이면 누구나 몇 시간 만에 간단한 프레젠테이션을 할 수 있을 정도로 배우기 쉬운 프로그램이다. 편집 기능을 조금만 배우면 곧바로 정보 전달이 가능하고 수정과 보완도 수월하다.

• 3단계: 정보 전달

네트워크 마케팅에서 리더는 늘 '어떻게 하면 복잡한 것을 단순하게, 전문적인 것을 쉽게 전달할지' 고민해야 한다. 그래야 초보자들도 그 정보를 신속하게 습득 · 정리하고 전달해서 빨리 성장할 수 있다.

운전을 가르칠 때 프로는 많은 것을 알면서도 초보자의 눈높이에 맞춰 쉽고 단순하게 가르치는 반면, 아마추어는 자신의 눈높이에 맞춰 자꾸 복잡하게 알려주려 한다. 이해를 돕기 위해 전문적이고 복잡한 이론과 지식을 활용하는 것은 좋지만 핵심 내용을 전달할 때는 누구나 쉽게 이해하고 금방 따라 할 수 있는 지식, 언어, 내용으로 전달해야 한다.

네트워크 마케팅의 원동력은 초보 네트워커의 성장에 있고 그 성장 엔진은 '복제'다. 복제는 올챙이 시절을 아는 개구리 리더가 올챙이들이 따라 할 수 있는 지식과 언어를 사용해야 가능하다. 단순하게 전달하라.

(3) 성장하도록 돕는 것이 진정한 성공이다

> "3개월 전 어떤 사람이 제 그룹에 들어와 사업을 시작했는데 지난달에 천 명 이상이 회원등록을 했어요. 그러자 지난주까지 제게 깍듯이 예의를 갖추고 비서처럼 헌신적이던 그 팀의 리더가 갑자기 돌변해 저를 무시합니다. 너무 황당하고 괘씸해요. 이럴 땐 어떻게 해야 하나요?"

10년 이상 네트워크 마케팅을 해온 글로벌 회사의 톱리더 백형순 씨는 3개월 전 방판회사 톱리더 출신을 사업파트너로 맞이했다. 그날부터 방판 리더는 매일 사람들을 초대했고 하루에도 수십 명씩 미팅을 하다 보니 순식간에 수백 명으로 늘어났다.

그런데 큰 행사에서 핀 수여식의 주인공이 된 그 리더는 이후 스폰서인 백형순 씨를 무시하고 그동안 구축한 자신의 파트너들과 따로 미팅을 했다. 왜 그럴까? 알고 보니 백형순 씨는 초대한 사람들에게 끊임없이 설명하고 비전을 전달해주긴 했지만 자신의 노하우는 하나도 전달하지 못했다. 결국 상대 리더가 최고 핀이 된 이후 아무런 역할도 할 수 없었다.

시간이 좀 걸려도 팀워크와 조직 시스템, 체계적인 교육에 따른 조직 성장에 집중했어야 하지만 이미 엎질러진 물이었다.

❖ 셀 프 리 더 십 클 리 닉 ❖

조직의 성장을 돕는다

네트워크 마케팅에서 큰 성공의 바탕은 조직경영이다. 조직경영이란 자신의 능력을 계발해 발휘하기보다 조직 내에 있는 우수한 인재를 발굴해 육성하는 것을 말한다.

네트워크 마케팅은 파이프라인을 구축하는 시간 비즈니스로 부지런히 말품과 발품을 팔다 보면 회원이 늘어나면서 매출도 늘어나 점점 소득이 증가한다. 그 기간이 짧게는 1년, 길게는 2~3년 걸린다. 그렇게 구성한 그룹원은 모두가 소중하고 귀한 파트너다.

사실 네트워크 마케팅의 본 게임은 이때부터 시작이다. 쉽게 말해 자식을 낳을 때까지 온갖 정성을 다 기울여 순산했다면 이제 건강하고 튼튼하게 키워야 한다. 안타깝게도 실패한 많은 네트워커가 이 원리를 아직도 모르고 있다. 자식을 낳으면 다 끝난 줄 알고 있다. 그래서 네트워크 마케팅에는 자신도 모르는 사이에 고아가 된 사람이 꽤 많다. 스폰서의 무지로 방치되었다가 낙오자가 되어버린 것이다.

조직이 성장하게 하려면 먼저 파트너가 고객에게 사업 정보를 전달하도록 '정보 전달 훈련'을 해야 한다. 이는 파트너에게 고기를 주는 게 아니라 고기 잡는 방법을 알려주는 원리다. 일정 기간 동안 사업설명회 내용, 즉 회사, 제품, 보상 플랜, 비전을 주제로 스피치 훈련을 한다.

이때 엄청난 인내가 필요하다. 파트너는 자전거를 처음 배우는 어린아이처럼 두려워하고 자신 없어 하면서 나중에 하겠다며 뒤로 빼려 한다. 그때마다 격려하고 용기를 주며 다독여야 한다. 그러다가 어느 순간 파트너의 입이 터지고 자신감이 붙으면서 훌쩍 성장한다.

부모가 자녀의 공부를 대신할 수 없는 것처럼 스폰서도 파트너의 사업설명을 대신할 수 없다. 조직이 성장하는 데 실패하는 이유는 대부분 답답한 마음에 파트너의 역할을 빼앗아 마마보이처럼 스폰서만 의지하게 만들었기 때문이다.

교육 기회를 만들어준다

이제 막 자신감이 붙은 파트너들은 초보 단계를 갓 벗어난 상태지만 그 위력은 대단하다. 훈련을 받은 파트너는 그렇지 않은 파트너에 비해 사업설명회에 임하는 자세나 고객과의 대화, 스폰서를 대하는 태도가 다르다. 즉, 진정한 네트워커로서의 자세가 나오기 시작하면서 리크루팅에 자신감이 붙어 시간이 지날수록 사업이 성장한다.

하지만 아직 안심하면 안 된다. 그 열기가 식기 전에 '무대에 설 기회'를 만들어주어야 한다. 쉽지는 않지만 용기를 내 도전하게 해야 한다. 사람들은 대부분 남 앞에 서는 것을 두려워한다. 아니, 싫어한다. 특히 무대에 서는 것은 평생에 한 번 있을까 말까 한 일이라고 생각한다. 그렇게 생각하던 사람들이 처음엔 자기 이름도 제대로 말하지 못하고 덜덜 떨다가 몇 주 정도 지나면 술술 말하기 시작한다.

말하는 것이 기적이 아니라 그들 스스로 말할 수 있다는 것에 놀라 엄청난 자신감이 생기는 것이 기적이다. 그 자신감 덕분에 모든 두려움을 잊고 '할 수 있다!'는 열정을 불태우며 과거보다 더 활발하게 일해 결국 자신이 원하던 꿈을 이룬다.

6) 복제

(1) 성공을 복제한다

"작년까지만 해도 회사에서 행사를 주최하고 정기적으로 세미나를 진행해 특별한 어려움 없이 사업을 했어요. 그런데 올해부터 세미나와 행사를 그룹에서 알아서 하라고 하니 어떻게 해야 할지 모르겠어요. 회사에서 갑자기 일방적으로 통보했는데 사업자들에게 어떻게 말해야 할지 막막합니다. 좋은 방법이 없을까요?"

중소기업을 운영하다가 납품해준 대기업이 무너지면서 연쇄부도를 맞은 민세철 씨는 자포자기하던 차에 친구에게 네트워크 마케팅을 소개받았다. 재기하기 위해 누구보다 열정적으로 일한 그는 5년 만에 최고 직급자가 되었는데, 회사에서 진행하던 세미나와 행사를 이제 그룹이 알아서 하라는 통보를 받은 것이었다.

이것은 그리 큰 문제가 아니다. 어찌 보면 그룹이 더 성장하는 기회가 될 수 있다.

—————— ❖ 셀 프 리 더 십 클 리 닉 ❖ ——————

성공의 시작은 흉내 내기

네트워크 마케팅은 무점포 프랜차이즈 시스템이다. 즉, 가맹점 사업과 비슷하다. 가맹점 사업의 장점이자 매력은 본부의 시스템을 흉내 내면 큰 어려움 없이 고객을 활성화할 수 있다는 점이다. 마찬가지로 네트워크 마케팅도 흉내만 잘 내면 된다.

먼저 그동안 회사에서 진행해온 세미나와 행사를 컨벤션센터나 호텔에서 똑같이 진행한다. 컨벤션 센터나 호텔의 행사 담당자를 만나 같은 회사에서 진행하는 것이니 그동안 해온 대로 준비해달라고 하면 전혀 문제가 없다.

만약 참가 인원이 적고 규모가 줄어들었다면 같은 장소에서 규모가 작은 홀을 요청하면 된다. 그룹원 중에서 행사 담당자를 선정해 앞으로 진행하는 모든 세미나와 행사에 역할을 부여하는 것도 좋은 방법이다.

그다음으로 사회자(진행자)를 선정해 회사에서 행사를 주최할 때처럼 사회자 역할을 맡긴다. 어떤 조직이든 희한할 정도로 재미있고 순발력 있게 사회를 보는 사람이 꼭 1명은 있다. 더구나 사업자 출신 사회자는 필드의 감각과 스폰서·파트너 간의 관계를 깊이 이해하고 있기 때문에 감정이입이 더 잘된다. 심지어 나중에는 회사 행사보다 사업자가 주최하는 행사가 더 열정적이고 감동적이라는 말까지 나오기도 한다.

파트너를 믿어라

사회자뿐 아니라 제품 교육 강사, 사업설명 강사, 리더십 강사 등 단골 강사도 파트너 중에서 찾는다. 놀랍게도 그룹 곳곳에 준비된 용사들이 있다. 그들은 네트워크 마케팅을 만나기 전 사회에서 자기 나름대로 역할을 했지만 능력을 발휘할 기회가 없어 조용히 지내고 있었을 뿐이다.

인정받는 직급에 있는 리더만 강의를 잘할 것이라는 선입견을 버려라. '결과'를 따지는 고정관념에 갇히는 것은 그룹 활성화와 성장에 그리 좋은 일이 아니다. 가끔은 경험이 많지 않은 초보자나 낮은 직급에 있는 파트너들이 더 세련되고 품위 있게 강의를 해낸다.

더 놀라운 일은 그렇게 자신감을 회복한 그들이 과거보다 더 열정적으로 일해 직급이 오르고 소득도 늘어난다는 점이다.

파트너를 믿고 그들에게 무대를 맡겨라. 그들은 이미 그동안 숱하게 진행해온 세미나와 행사에 참여하면서 강사들의 강의 내용, 강의 스타일을 보고 듣고 느꼈기에 치명적 실수를 하지 않는 한 거의 흡사하게 흉내를 낸다. 처음 몇 번은 부족하고 더러 실수할 수도 있다. 그래도 칭찬해주고 다시 맡겨라. 몇 번 진행하고 나면 어느 순간 회사에서 진행하는 것보다 더 열정적이고 감동적인 세미나와 행사로 거듭날 것이다.

(2) 교육으로 승부한다

"교육받을 때는 리크루팅도 잘되고 파트너들의 미팅 참여율도 높아서 비즈니스에 전혀 문제가 없었어요. 오히려 점점 잘될 거라는 기대감 아래 승승장구했고 파트너들도 계속 성장했습니다. 그런데 이상하게도 교육이 끝난 다음부터 리크루팅도 어렵고 파트너들의 미팅 참여율도 뚝 떨어졌습니다. 도대체 뭐가 문제죠?"

초등학생 아이의 아토피 문제로 아는 네트워커에게 제품을 구입해 사용해본 후 그 효과에 반해 사업을 시작하게 된 심영순 씨는 홈미팅 덕분에 승승장구했다. 홈미팅 참여 인원이 20명을 넘자 스폰서의 권유로 그룹 시스템 교육에 참여하기 시작했다. 하지만 사랑방 같은 분위기였던 홈미팅과 달리 사관학교 분위기인 그룹 시스템 교육에 파트너들은 몹시 힘들어했다.

그래도 교육기간에는 파트너들이 잘 적응해 놀랄 만큼 성장했으나 교육이 끝나자마자 성장이 뚝 멈춰버렸다. 결국 몇 개월 동안 정체 현상이 일어났고 심영순 씨는 슬럼프에 빠졌다.

------------- ❖ 셀 프 리 더 십 클 리 닉 ❖ -------------

성공습관을 들여야 한다

네트워크 마케팅은 복제사업이라 성공하려면 이미 입증된 성공 시스템을 학습해 활용해야 한다. 특히 그 성공 시스템을 완전히 습관화할 때까지 자기계발에 힘써야 한다. 그러다 보니 일정 수준에 오를 때까지 파트너들을 다소 괴롭힐 필요가 있다. 파트너들이 스스로 알아서 움직이기 전까지는 시스템 교육에 끊임없이 참여시켜야 한다는 얘기다.

성공습관을 들이려면 많은 시간과 노력이 필요하다. 그리고 그 습관을 완성할 때까지는 온갖 정성을 기울여야 한다. 직장인은 월급을 받기 위해 원치 않는 일도 하고 원하는 일도 자제한다. 그렇게 조직이 하나로 움직이는 덕분에 경영자가 바라는 결과가 나오는 것이다. 마찬가지로 네트워크 마케팅에서도 좋은 결과를 얻고자 한다면 원치 않는 일도 해야 한다는 마음자세를 지녀야 한다.

알고 보면 네트워크 마케팅의 성공 시스템은 의외로 간단하다. 꿈(목표)을 꾸는 것, 좋은 생각을 하는 것, 명단작성, 체험, 자랑, 소개, 미팅(세미나) 참석 등을 계속 반복하는 것뿐이다. 어려운 것이 하나도 없다. 다만 성공할 때까지 그 반복을 멈추지 말아야 한다.

교육으로 승부한다

네트워크 마케팅의 가장 강력한 무기는 교육이다. 교육으로 잃어버렸던 꿈을 찾고 새로운 비전을 느끼며 평범한 사람이 사업자 마인드를 갖춘다. 또한 교육으로 좌절했던 사람이 다시 용기를 내 도전한다.

교육이 아무리 좋아도 한 번으로 끝내면 안 된다. 배울 때는 많은 사람이 "와, 이렇게 좋은 교육은 누구나 다 받아야 해", "좋았어, 배운 대로만 하면 나도 성공할 수 있을 거야!", "나도 반드시 그대로 실천해서 원하는 꿈을 이룰 거야!" 하며 대단한 의욕을 보인다.

그런데 놀랍게도 수십만 원에서 수백만 원의 교육비를 내고 참여한 적극적이고 열정적인 사람들이 10명 중 1명 정도만 성공 시스템대로 실천한다. 나머지 9명은 교육이나 트레이닝이 끝난 뒤 다시 본래의 습관대로 돌아가고 만다. 물론 그 9명 중 2~3명은 성공 시스템 교육에 몇 번이고 다시 참석해 스스로 변화를 일으킨다. 조금 늦었지만 그들은 자신이 원하는 변화와 결과를 만들어내 주위에 더 큰 감동을 안겨주고 동기부여를 해준다.

교육 내용이 아무리 유익해도 결과는 참여자가 얼마나 정성을 기울이고 실천하느냐에 달려 있다. 그래서 스폰서의 역할이 중요하다. 스폰서는 파트너가 성공 시스템에 익숙해질 때까지 끊임없이 돌봐주어야 한다. 한마디로 파트너를 위해 헌신해야 한다.

한 번의 교육으로 모든 사람이 바뀐다면 세상에 성공하지 못할 사람은 1명도 없을 것이다. 현실이 그렇지 않으니 변화할 때까지 반복 또 반복해서 교육에 참여해야 한다. 교육만이 유일한 성공 방법이라고 생각하라. 모든 파트너가 1인 사업가라는 자부심을 갖고 성공할 때까지 교육에 참여시켜라. 교육이 힘이다!

(3) 셀프리더를 만든다

"파트너가 굉장히 열심히 활동해서 성심성의껏 도와주었는데 이제는 사소한 것까지 일일이 다 물어보고 보고해요. 심지어 밤늦게 귀가해서 집안일을 하고 가족도 챙기려고 할 때 파트너가 전화해서 하루 동안 있었던 일을 1시간이나 얘기하는 바람에 가족에게 좋지 않은 말을 듣기도 했어요. 이제는 일부러 전화도 잘 받지 않고 카톡도 확인하지 않습니다. 피하려는 것은 아닌데 너무 심한 것 같아 어쩔 수가 없어요. 파트너도 좋은 사람이고 열심히 활동하지만 제가 너무 힘들어요. 어떻게 해야 할까요?"

피자가게를 운영하느라 방광염과 만성피로, 어깨결림으로 병원을 찾는 일이 많았던 금수정 씨는 같은 아파트에 사는 이웃에게 제품을 권유받아 섭취하고 증상 완화를 경험한 뒤 네트워크 마케팅에 관심을 갖게 되었다. 결국 운영하던 피자 가게를 정리하고 건강 숍을 오픈했는데 꾸준히 성장하던 중에 만난 젊고 성실한 파트너의 시시콜콜한 보고와 연락으로 지쳐버린 것이다.

스폰서라고 해서 모든 것을 다 받아주어야 하는 것은 아니다. 네트워크 마케팅은 무점포 프랜차이즈 시스템이므로 어느 정도 가르쳐준 뒤에는 파트너가 스스로 비즈니스를 하도록 도와줘야 한다. 즉, 독립된 비즈니스 오너가 되도록 해야 한다.

───────── ❖ 셀 프 리 더 십 클 리 닉 ❖ ─────────

셀프네트워커를 만든다

초보 네트워커가 성공하는 지름길은 선배 네트워커의 노하우를 배우는 데 모든 열정을 쏟는 것이다. 매일 미팅에 참석해 성공 전략을 세우고 행동계획을 수립해 그것을 실천해야 한다. 필드에서 일어나는 모든 상황을 스폰서와 상의하며 하나하나 성공 시스템에서 제시하는 방법에 어울리는 작품으로 만들어가다 보면 어느새 선배 네트워커처럼 네트워크 마케팅을 즐길 수 있다.

그런데 그 과정에서 시스템을 잘못 이해하고 사용하는 현상이 많이 발생한다. 그중 하나가 모든 것을 스폰서와 상의해야 한다고 생각하는 점이다. 처음에는 사소한 것까지도 알려서 초보 네트워커가 시행착오를 겪지 않게 하는 것이 좋다. 그러나 초보자가 어느 정도 성장하면 스스로 노력해서 해결하게 해야 한다. 자칫 잘못하면 파트너가 마마보이나 캥거루족이 되어버릴 수도 있다.

스스로 해결할 수 있는 일이나 해결하려고 노력해야 하는 것까지도 스폰서의 도움을 받는 것은 네트워크 마케팅이 아니다. 스폰서는 개인적인 상담시간을 줄이고 그룹의 시스템 교육에 참여하는 횟수를 늘려야 한다. 개인적인 상담은 파트너의 환경, 여건, 상황에 맞춘 비즈니스가 가능하므로 중요하지만 그런 시간이 늘어나면 정작 꼭 비즈니스로 성장이 필요할 때 발목이 잡힐 수 있다.

예를 들면 회사의 프로모션에 도전해야 할 시점에 "알다시피 저는 여건이 어려워 도전할 수 없어요", "지금 제 상황에서 어떻게 컨벤션에 참석할 수 있겠어요" 같이 말하는 일이 벌어진다.

그러므로 시간이 지날수록 개인적인 상담보다 미팅과 교육, 각종 워크숍에 참여하는 것을 적극 권유해 초보자가 성장하도록 도와줘야 한다.

셀프리더를 만든다

네트워크 마케팅을 잘하는 네트워커는 두 가지에 뛰어나다. 하나는 준비된 리더를 찾는 것이고 다른 하나는 평범한 네트워커를 훌륭한 리더로 만드는 것이다.

준비된 리더를 찾으려면 꾸준히 노력해야 한다. 끊임없이 새로운 사람들을 만나 그중에서 진주를 찾아내는 것이라 마음처럼 쉽지는 않다. 그저 마음을 비우고 만나는 사람마다 최선을 다하는 수밖에 없다.

평범한 네트워커를 훌륭한 리더로 만드는 것은 쉬울 수 있고 반대로 어려울 수도 있다. 이렇게 말하는 이유는 회사나 그룹 시스템이 얼마나 잘 갖춰져 있느냐에 따라 달라지기 때문이다.

일단 그룹의 성공 시스템이 잘 갖춰져 있으면 초보 네트워커에게 모든 교육 시스템에 참여하도록 적극 권유해야 한다. 또 과제나 콘테스트가 있을 경우 함께 머리를 맞대고 1등을 하도록 최선을 다한다. 이때 1등을 할 수도 있고 1등은 못해도 2~3등이나 상위권에 들 수도 있다. 그러한 성과를 바탕으로 틈만 나면 발표하게 하거나 특별한 임무를 주어 무대에 자주 서게 한다. 한마디로 무대 체질을 만든다.

네트워크 마케팅은 교육사업이라 교육환경이 잘 갖춰져 있다. 그런 환경 아래 무대에 자주 선다는 것은 리더가 된다는 뜻이다. 한두 번 무대에 서보면 다음 무대에 설 것을 기대하며 남들보다 더 열심히 공부한다. 이것이 반복되면서 자연스럽게 훌륭한 리더로 거듭나고 어느 정도 시간이 흐르면 셀프리더가 된다.

많은 스폰서가 제대로 준비되지 않은 네트워커를 바깥으로 떠밀며 리크루팅과 판매를 권하지만, 네트워크 마케팅을 제대로 아는 스폰서는 회사, 제품, 보상플랜을 올바로 알고 뛰게 한다. 그렇게 필드에서부터 훈련을 받으며 성장할수록 훌륭한 리더의 모습과 내공을 쌓아간다. 이렇게 만들어진 리더를 셀프리더라고 한다.

스폰서의 적절한 도움과 스스로 성장해 리더십을 갖춘 셀프리더가 조직에 많을수록 네트워크 마케팅이 진정 재미있어진다. 셀프리더를 만들어라!

(4) 네트워커는 전문 직업인이다!

> "제가 네트워크 마케팅을 시작한 이유는 노후에 많은 일을 하지 않고도 인세소득 같은 보너스를 꾸준히 받으며 편안히 살기 위해서였습니다. 그래서 많은 지인에게 제품을 홍보하고 판매도 많이 했죠. 하지만 2년이나 지났어도 제가 원하는 결과를 얻지 못하고 있습니다. 심지어 직장생활을 하는 월급쟁이 친구들보다 여유가 없어요. 어떻게 해야 하죠?"

대기업에서 30년 이상 성실하게 직장생활을 해온 구승환 씨는 퇴직 후 프랜차이즈 가맹점을 해보려고 틈틈이 프랜차이즈 사업설명회에 참석해 정보를 분석하고 있었다. 그러다가 활기차고 인상 좋은 한 참가자를 만났는데 얘기를 하다 보니 네트워커였다. 그에게 무점포, 무자본, 무경험으로 노후를 준비할 수 있는 네트워크 마케팅의 매력을 전해 듣고 곧바로 사업을 시작한 구승환 씨는 차에 제품을 싣고 다니며 전국을 누볐다.

만나는 사람마다 제품을 자랑하고 사업 비전을 전했는데 몇 달 후부터 매출이 정체되고 보너스도 신통치 않았다. 왜 그랬을까? 구승환 씨는 제품판매에만 신경을 썼을 뿐 특별히 스폰서와 상의하지도 않았고 교육이나 관리에도 크게 신경 쓰지 않았다.

─────────── ❖ 셀 프 리 더 십 클 리 닉 ❖ ───────────

네트워크 마케팅은 교육사업이다

사람은 교육으로 달라진다. 교육을 받아야 세상을 보는 눈과 가슴에 품는 꿈이 달라지는 법이다. 초보 네트워커도 교육으로 네트워크 마케팅의 장점과 특성을 이해해 전문 네트워커로 성장한다. 네트워크 마케팅에서는 교육으로 성공 방법을 가르치고 시행착오를 줄이도록 이끈다.

리더가 되면 사업설명과 제품설명 방법을 비롯해 조직관리 방법, 리더십 교육도 배운다. 다시 말해 제품 판매를 잘해서 계속 재구매가 이뤄지도록 하는 단순한 방법이 아니라 조직이 성장하는 방법을 배운다. 결국 성공하는 가장 강력한 무기는 교육을 담당하는 '강사가 되는 것'이다.

성공한 네트워커는 모두 강의를 한다. 그들이 처음부터 강사였던 것은 아니다. 평범한 주부, 직장인, 심지어 남들 앞에

한 번도 서보지 않은 사람들이 대부분이다. 단지 성공하기 위해 시스템에 참여하다 보니 강사가 된 것이다.

성공한 네트워커는 전문 교육자이자 꿈과 희망을 전달하는 강사다. 성공과 실패 노하우를 알려주는 강사다. 조직관리와 마케팅을 강의하는 마케팅 강사다. 미래와 삶을 강의하는 라이프코치다.

이처럼 네트워커는 단순한 판매원이 아니므로 배워야 한다. 전문가가 되기 위해 훈련에 참여해야 한다.

네트워크 마케팅은 카운슬링 사업이다

네트워크 마케팅은 인맥유통이라 비즈니스 특성상 사람 공부를 많이 해야 한다. 초보 네트워커들이 실패하는 가장 큰 요인은 사람을 제대로 인식하지 못해서다.

'내가 말하면 들어주겠지', '내 말이면 제품을 믿을 거야', '우리 사이니까 회원등록은 당연히 할 거야' 등 그동안 자신과 친하게 지내온 사람들을 자기식대로 평가해 쉽게 판단을 내린다. 그런 다음 잘못되면 '어떻게 나한테 이럴 수 있어?', '우리 사이가 이 정도밖에 아니었던 거야?', '나를 못 믿다니?' 하며 울분과 분노를 감추지 못한다.

밥을 함께 먹고, 차를 한 잔 나누고, 술을 기울이며 인생을 논하는 것과 비즈니스를 함께하는 것은 차원이 다르다. 더구나 부정적 인식이 남아 있는 네트워크 마케팅을 얘기할 때 민감한 반응을 보이는 것은 당연한 일이다.

가까운 사이일수록 더 심한 반응을 보일 수 있다. 이는 제품만 좋다고 쉽게 해결할 수 있는 비즈니스가 아니다. 오히려 네트워크 마케팅을 보다 명확히 이해할 필요가 있다. 나아가 시대적 흐름과 유통의 변화, 현재와 미래 사회를 바라보는 전문가들의 의견이나 예측을 충분히 배워야 한다.

지인들에게 바로 그런 정보를 주어야 한다. 그래서 성공적인 네트워크 마케팅 회사에는 남들이 부러워할 만한 엘리트 전문가가 많이 있다. 그들은 사회적으로 인정받고 안정적인 소득을 영위하던 소위 잘나가는 전문가였다. 그들은 왜 네트워크 마케팅을 선택했을까? 미래 비전을 확실히 느꼈기 때문이다.

좀 더 욕심을 부려 자기계발과 성공학, 행복학 전문가가 되려고 노력하라. 자기계발, 성공, 행복 관련 서적과 세미나에 꾸준히 참여해 인간을 보다 폭넓게 이해해야 한다. 이 사업에서는 인간관계가 무엇보다 중요하니 말이다.

성공한 네트워커는 대체로 성공 카운슬러다. 그들은 파트너에게 어떻게 목표를 설정하고 달성해야 하는지 구체적으로 알려주고 관리한다. 또한 사람들과의 관계를 잘 설정하도록 도와주고 성공과 실패 사례나 노하우를 수없이 쏟아낸다.

이처럼 네트워커는 전문 직업인이다. 열정과 자부심으로 승부하라!

> 성공한 네트워커는 전문 교육자이자
>
> 꿈과 희망을 전달하는 강사다.
>
> 성공과 실패 노하우를 알려주는 강사다.
>
> 조직관리와 마케팅을 강의하는 마케팅 강사다.
>
> 미래와 삶을 강의하는 라이프코치다.
>
> 열정과 자부심으로 승부하라!

명품 네트워커로
가는 길

네트워크 마케팅은 인격을 수양하는 비즈니스다. 지금까지 알려진 성공과 행복의 원리를 살펴보면 동서고금을 막론하고 돈을 많이 버는 것보다 인간관계에서 좋은 결과를 얻는 것을 최고로 여긴다.

그래서 선진국일수록 인간의 기본적인 삶을 지켜주는 정책에 많은 비용을 들이고 관련 기관에서 프로그램을 만들어 보급한다. 나아가 사람들에게 성장과 잠재력 계발 기회를 주기 위해 애쓴다.

네트워크 마케팅은 선진국의 마케팅 시스템이다. 다시 말해 의식주를 충분히 해결한 단계에서 사람들이 찾는 고품질의 제품을 편리하게 찾도록 욕구를 해결해주는 비즈니스다. 여기에다 체험과 입소문으로 소개가 이뤄지면 보너스(현금, 여행, 자동차 등) 혜택을 제공하는 획기적인 사업이기도 하다. 특히 매력적인 것은 경험, 지식, 성별, 나이에 상관없이 누구나 참여할 수 있다는 점이다.

한데 안타깝게도 사람의 욕심 때문에 그런 네트워크 마케팅 비즈니스의 기본 본질이 왜곡되고 있다. 심지어 빨리 돈을 버는 도구로만 인식하는 사람도 있다. 그러다 보니 많은 사람이 시작부터 '돈을 빨리 벌려는' 생각만 한다.

인격을 내팽개치고 오로지 돈을 빨리 벌겠다고 달려들면 과연 그걸 이룰 수 있을까? 지난 30여 년의 한국 네트워크 마케팅 역사에서 그런 회사들은 순식간에 물거품처럼 사라졌다. 몇 개월, 몇 년 동안 혜성처럼 반짝이다가 어느 순간 훅 하고 꺼져버린 것이다.

왜 그럴까? 정신이 빠져버려 회사에 뿌리가 없었기 때문이다. 네트워크 마케팅은 인맥유통, 즉 사람이 하는 비즈니스다. 사람 중심의 비즈니스에서 정신이 빠지면 당연히 얼마 가지 못한다.

조금 힘들긴 해도 이 사업에서는 네트워커가 사람들을 만나 대화하고 제품의 필요성과 미래 비전을 얘기하며 실랑이하는 과정이 필요하다. 그 과정에서 네트워커는 실수도 하고 좌절감도 느끼며 자기 자신을 돌아본다. 정보전달이 쉽지 않다는 것, 사람마다 생각이 다르다는 것도 느낀다. 세상에는 나와 다른 다양한 생각과 다양한 경험을 한 사람이 많다는 것도 깨닫고 어떤 생각으로 살아가고 있는지 관심을 기울이게 된다.

그처럼 쉽게 풀리지 않으니 스폰서가 주최하는 미팅에도 나가고 평소에 거들떠보지도 않던 성공, 마케팅 관련 책을 들여다보기도 한다. 나아가 그다지 관심이 없던 경제, 마케팅, 성공 전문가의 강의도 듣는다. 그렇게 성공 원리를 하나하나 익히며 자기계발을 하면서 성공습관을 만들어간다. 그뿐 아니라 고객이나 파트너에게도 계속 가르쳐주며 자연스럽게 팀워크와 리더십도 개발한다.

이것이 네트워커가 성장하는 과정이다. 이 과정을 거쳐 제대로 리더가 된 사람은 주위 사람들에게 이런 말을 듣는다.

"네트워크 마케팅을 하더니 사람이 달라졌다."

네트워크 마케팅에서 최고의 성공은 바로 이것이다.

세상에는 공짜가 없다. 그리고 쉽게 얻은 것은 쉽게 잃기 마련이다. 그럼에도 불구하고 쉽게 돈을 벌 수 있다고 유혹하는 네트워커가 여전히 많다. 그들은 과거에 쉽게 돈을 벌지 못한 아쉬움을 채우기 위해 쉬운 보상플랜을 찾아다닌다.

그런 사람들이 모인 곳에 가보면 모두 그런 말을 하고, 그런 행동을 하고, 그런 사람들에게 전화해 오라고 한다. 생각 없이 어울리면 그들이 생각하는 대로, 말하는 대로 같은 생각과 같은 행동을 하고 만다.

네트워크 마케팅을 제대로 하려면 '노는 물이 달라야 한다.' 돈을 버는 것도 좋지만 무엇보다 회사 설립자, 즉 경영자의 뚜렷한 철학이 담긴 회사를 선택해야 한다. 그리고 한국

뿐 아니라 세계적으로 인정받을 만큼 공신력 있는 제품인지 살펴봐야 한다. 마지막으로 과학적이고 객관적인 보상플랜인지 분석해야 한다. 뚜렷한 기준이 없고 자주 바뀌는 보상플랜은 신뢰할 수 없다.

네트워크 마케팅은 분명 쉽게 시작할 수 있지만 성공하려면 대가를 충분히 지불해야 한다. 좋은 열매를 얻기 위해 튼튼하게 뿌리를 내리는 일을 소홀히 하지 말아야 하는 것이다. 이것은 의외로 쉽다. 먼저 매일 좋은 책과 CD, 유튜브 강의를 보고 들으면서 자기계발을 한다. 또 회사와 그룹에서 주최하는 미팅, 세미나, 행사에 적극 참여해 성공 시스템과 문화를 배우는 데 전력을 쏟는다.

가능하면 주위의 많은 사람을 만나 건강 정보와 사업기회를 전달하라. 이때 거절도 좋은 거름이 된다는 사실을 명심하라. 낙숫물이 바위를 뚫을 때까지 계속 떨어지는 마음자세로 이런 일을 계속 반복하는 것이 네트워크 마케팅 사업이다.

이 얼마나 쉬운 일인가? 많은 사람이 어렵다고 생각하는 이유는 빨리 돈을 벌어야 한다는 조바심을 버리지 못하기 때문이다. 기억하라! 썩은 뿌리에서는 좋은 열매를 얻을 수 없다.

부디 이 책에서 뿌리를 튼튼히 내리는 방법을 찾아 세상에 선한 영향력을 끼치는 명품 네트워커가 되기를 간절히 바란다.

그룹의 성장을 위한 방법
시스템에 달려있다

1판 1쇄 찍음 2021년 4월 26일
1판 2쇄 찍음 2024년 1월 10일

지 은 이 아름다운사회 기획팀, 우종철
펴 낸 이 배동선
　　　　　마케팅부/최진균
펴 낸 곳 아름다운사회
출판등록 2008년 1월 15일
등록번호 제2008-1738호
주　　소 서울시 강동구 양재대로 89길 54 202호(성내동)
대표전화 (02)479-0023
팩　　스 (02)479-0537
E-mail assabooks@naver.com

ISBN : 978-89-5793-202-5 03320

값 8,000원

잘못된 책은 교환해 드립니다.